हृदय की शक्ति

हृदय की शक्ति

जीवन में अपने सच्चे उद्देश्य को खोजें

बैप्टिस्ट द पैप

MANJUL
मंजुल पब्लिशिंग हाउस

First published in India by

MANJUL

Manjul Publishing House Pvt. Ltd.

Corporate & Editorial Office:

• 2nd Floor, Usha Preet Complex,
42 Malviya Nagar, Bhopal 462 003 - India
Email: manjul@manjulindia.com Website: www.manjulindia.com

Sales & Marketing Office:

• 7/32, Ground Floor, Ansari Road, Daryaganj, New Delhi 110 002
Email: sales@manjulindia.com

Distribution Centres:

Ahmedabad, Bengaluru, Bhopal, Kolkata, Chennai,
Hyderabad, Mumbai, New Delhi, Pune

This edition first published in 2015

Published by arrangement with the original publisher, Atria Books,
a Division of Simon & Schuster, Inc.

ISBN 978-81-8322-573-1

Translation by Dr. Sudhir Dixit

Interior design by Simon Greiner
Jacket design by Simon Greiner
Jacket art by Simon Greiner

Printed and bound in India by Replika Press Pvt. Ltd.

विषय-सूची

खंड 2 : आंतरिक शक्तियाँ

खंड 3 : संसार में हृदय

प्रस्तावना : मेरी राह

अपने मुकद्दर की पहचान करना इंसान की एकमात्र ज़िम्मेदारी है।

— पाउलो कोएलो, द *अलकेमिस्ट*

मैं जैसे ही लॉ स्कूल की पढ़ाई करके निकला, मुझे एक नौकरी का प्रस्ताव मिल गया। संसार की एक बहुत प्रतिष्ठित लॉ फ़र्म ने मेरे सामने अच्छे वेतन वाली नौकरी का प्रस्ताव व अनुबंध रख दिया। मैं एक बेहतरीन करियर से केवल एक हस्ताक्षर दूर था - लेकिन इसके बावजूद मैंने हस्ताक्षर न करने का निर्णय लिया।

मैं यह सोचने लगा : मैं जीवन से सचमुच क्या चाहता था? मेरा लक्ष्य क्या था? मैंने अपने लिए उपयुक्त नौकरी की तलाश में महीनों लगाए थे, लेकिन एक प्रतिष्ठित लॉ फ़र्म में नौकरी करने का विचार अब ठीक नहीं लग रहा था। बहुराष्ट्रीय कंपनियों को सौदे संबंधी सलाह देने के लिए पूरे संसार की यात्रा की संभावना अब मुझे अपने लिए सही नहीं लग रही थी - हालाँकि मैंने क़ानून की डिग्री और उस

बैप्टिस्ट द पैप *(बायीं ओर)*

अवसर के लिए कड़ी मेहनत की थी। मुझे ऐसा महसूस हुआ, जैसे मैं रास्ता भटक गया था। मैं अपने भविष्य के बारे में चिंतित था। मैं क्या करूँगा? जब मेरी चिंताएँ बढ़ीं, तो मुझे महसूस हुआ, जैसे मेरा संसार धीरे-धीरे बिखर रहा है।

एक रात बहुत देर तक मैं अपने बेडरूम के अँधेरे में घूरता रहा, क्योंकि तनाव के मारे मेरे दिमाग़ में भारी उथलपुथल मची हुई थी। चूँकि नींद नहीं आ रही थी, इसलिए मैंने उठकर अपने लैपटॉप पर कोई यूट्यूब वीडियो देखने का निर्णय लिया। मैंने ओपरा विनफ़्री और एकहार्ट टॉल की वेब क्लास का बटन दबाया, जिसका शीर्षक था *अ न्यू अर्थ : अवेकनिंग टु यॉर लाइफ़्ज़ परपज़*। तुरंत ही ओपरा के शब्दों ने मेरा ध्यान आकर्षित कर लिया, "मुझे लगता है कि आपके जीवन का जो उद्द्देश्य है, उसके प्रति जाग्रत होने से ज़्यादा महत्त्वपूर्ण कुछ भी नहीं है।"

इससे मैं सोचने लगा, *क्या मैं इसी प्रक्रिया से गुज़र रहा था? क्या मैं अपने जीवन के उद्द्देश्य के बारे में जाग्रत होने की कोशिश कर रहा था?* जिस पल यह विचार आया, उसी पल मुझे अपने दिल से एक शक्तिशाली आवेग उठता महसूस हुआ - जैसा मुझे पहले कभी महसूस नहीं हुआ था। ऐसा लग रहा था, मानो मेरा दिल मेरे अंदर उठ रहे सवालों पर प्रतिक्रिया कर रहा था और चाहता था कि मैं उसकी बात सुन लूँ।

इससे मैं आश्चर्यचकित हो गया और मैं अपना ध्यान दोबारा वेब क्लास पर लाया। मैंने टॉल को यह कहते हुए सुना, "ख़ुद से यह पूछना अच्छा है कि आप जीवन से क्या चाहते हैं, लेकिन इससे भी ज़्यादा महत्त्वपूर्ण सवाल यह है, कि जीवन *आपसे* क्या चाहता है? जीवन के भंडार में आपके लिए क्या है?" टॉल ने कहा कि अपने जीवन में मौन के पल रखना महत्त्वपूर्ण है, क्योंकि मौन ही आपको उस मानसिक शोर-शराबे से बचा सकता है, जिसे हम "सोचना" कहते हैं। जीवन जो संदेश आपकी ओर भेजता है, आपके आदतन विचार और चिंताएँ उन्हें डुबो सकती हैं - वे शांत संदेश, जो उद्द्देश्य खोजने में आपका मार्गदर्शन कर सकते हैं। यह कमोबेश वैसा ही लग रहा था, जिससे मैं गुज़र रहा था - मैं चिंताओं की

बाढ़ में इस क़दर हिचकोले खा रहा था कि यह तय ही नहीं कर पा रहा था कि क्या करना चाहिए।

अब उस रात के बारे में सोचते समय मुझे यक़ीन है कि मैंने उस दिन यूँ ही उस क्लास का वीडियो नहीं लगाया था; दरअसल मुझे उस तक पहुँचने का मार्गदर्शन दिया गया था। ओपरा और टॉल के अवलोकनों ने मेरी चेतना को पूरी तरह बदल दिया - और मेरे जीवन को भी।

अगली सुबह मैंने टॉल की सलाह पर चलने का निर्णय लिया और मौन को गले लगा लिया। मैं बरसते पानी में जंगल में लंबी पदयात्रा करने निकल पड़ा। जब मैं अपने चारों ओर की शांति के सामंजस्य में आया, तो मुझे महसूस हुआ कि एक गहन, अभूतपूर्व शांति का अहसास मुझे घेरे हुए था। यह शांति सिर्फ़ मेरे चारों ओर ही नहीं थी, यह मेरे भीतर भी थी। जीवन में पहली बार मैं उन विचारों और चिंताओं से आज़ाद हुआ, जिन्होंने तब तक मुझे क़ैद करके रखा था। मुझे महसूस हुआ कि मैं यह पूछ सकता हूँ कि मुझे अपने जीवन के साथ क्या करना चाहिए। जवाब चाहे जो आए, मुझे उसे स्वीकार करने के लिए ख़ुद को तैयार रखना चाहिए, भले ही यह करियर और भविष्य के बारे में मेरे पुराने विचारों से मेल न खाता हो। मुझे अहसास हुआ कि मैं यह स्वीकार करने से डर रहा था कि वकील बनने के लिए इतनी मशक्कत करने और समय लगाने के बाद मैं वकील नहीं बनना चाहता था। इसके अलावा मैं अपने माता-पिता को भी निराश नहीं करना चाहता था, जिन्हें मेरी शैक्षणिक सफलता और करियर चयन पर गर्व था।

मैं स्थिर खड़ा रहा और आंतरिक शांति के अहसास का आनंद लेने लगा। मुझे अपेक्षाओं से स्वतंत्रता का अहसास हो रहा था। मैंने मन ही मन पूछा, *जीवन मुझसे क्या चाहता है?* तुरंत, मेरे दिल से मुझे एक और शक्तिशाली आवेग उठता महसूस हुआ, जो पिछली रात वाले आवेग से ज़्यादा शक्तिशाली था। यह तो इतना दर्द भरा था, मानो मेरा ध्यान खींचने के लिए इसने तीव्र रूप धारण किया था - ताकि मैं उस जवाब को "पा" लूँ, जो यह मुझे दे रहा था। ऐसा महसूस हुआ, मानो

मेरे दिल में विस्फोट हो गया था। भावना की लहर इतनी शक्तिशाली थी कि मेरे आँसू निकल पड़े।

अचानक, मैंने जीवन में अपना उद्देश्य देख लिया। यह मेरे सामने एकदम स्पष्ट था : मुझे दिल की इस शक्ति को खोजना था, मुझे इस ऊर्जा की पड़ताल करनी थी, जिसने मुझे गिरफ़्त में ले लिया था। मुझे अग्रणी आध्यात्मिक चिंतकों, लेखकों और समकालीन शिक्षकों को खोजना था और दिल के बारे में उनसे ज्ञान हासिल करना था। और मुझे उनकी बुद्धिमत्ता को हमेशा-हमेशा के लिए दर्ज करना था। मुझे दिल के बारे में एक फ़िल्म बनानी थी।

देखिए, मेरा मस्तिष्क हर्गिज़ मुझे यह निर्देश नहीं दे सकता था, क्योंकि फ़िल्म बनाने की मेरी कोई पृष्ठभूमि नहीं थी। लेकिन मेरे मन में कभी यह शंका ही नहीं आई कि मैं यह काम नहीं कर सकता। मैं अपने जीवन के उद्देश्य के प्रति जाग्रत हो गया था। यह भावना इतनी ज़बर्दस्त थी कि इसने मेरे सामने कोई विकल्प नहीं छोड़ा। मुझे इस आह्वान का पीछा करना ही था कि मैं जीवन को दिल की शक्ति के ज़रिये देखूँ और इस बारे में एक फ़िल्म बनाऊँ।

मैं घर गया, अपना सूटकेस पैक किया और एक कैमरा टीम इकट्ठी की। जीवन मुझसे जो चाहता था, उसे करने से मुझे कोई चीज़ नहीं रोक सकती थी।

उद्देश्य भरा जीवन ही जीवन का उद्देश्य है।
— जॉर्ज बरनार्ड शॉ

अगले दो साल तक मैंने पूरे संसार में यात्रा की। मुझे अठारह प्रभावशाली आध्यात्मिक लीडरों, वैज्ञानिकों और चिंतकों से मिलने और उनसे बात करने का सौभाग्य मिला, जो कई संस्कृतियों और पृष्ठभूमियों के थे : ईज़ाबेल आलिएंदे, माया ऐंजेलू, माइकल बेकविथ, दीपक चोपड़ा, पाउलो कोएलो, जो डिस्पेंज़ा, लिंडा फ़्रांसिस, जेन गुडऑल, जॉन ग्रे, रोलिन मेक्रेटी, हॉवर्ड मार्टिन, रूडिगर शाख़े, मार्सी

शिमॉफ़, डीन श्रॉक, एकहार्ट टॉल, नील डोनाल्ड वॉल्श, मैरियन विलियमसन और गैरी ज़ुकाव। उनके जीवन पर दिल के प्रभाव के बारे में उन्होंने जो प्रेरक, उल्लेखनीय कहानियाँ सुनाईं, उससे इन शिक्षकों ने फ़िल्म - और मेरे जीवन के मार्ग - के बारे में मेरे ख़ुद के स्वप्न में योगदान दिया - इसलिए मैं उन्हें फ़िल्म और इस पुस्तक का सह-निर्माता मानता हूँ। (उनकी जीवनी इस पुस्तक के आख़िर में दी गई हैं।)

सह-निर्माताओं ने मुझे कैमरे के सामने उनका साक्षात्कार लेने का अवसर प्रदान किया और मिलकर हमने दिल का एक सनसनीखेज़ चित्र बनाया। उन्होंने मेरे ख़ुद के विश्वास की प्रभावी और कई बार हृदयस्पर्शी पुष्टि करी कि दिल सिर्फ़ शरीर में ख़ून उलीचने वाला अंग ही नहीं है। यह इससे बहुत अधिक है : बिना किसी शक के दिल तो प्रेम, ज्ञान और बुद्धिमत्ता का अकूत स्त्रोत है, जो दिमाग़ से कहीं ज़्यादा आगे तक जाता है।

सह-निर्माताओं ने मुझे दिल की शक्ति के बारे में कई अहम सबक़ सिखाए, जो हमने फ़िल्म में बताए हैं और जिन्हें मैं इस पुस्तक में भी आपको बताना चाहता हूँ। यह पता चलता है कि दिल की कई शक्तियाँ हैं - जैसे अंतर्बोध, इरादा, कृतज्ञता, क्षमा, लचीलापन और ज़ाहिर है, प्रेम। इन शक्तियों के साथ जुड़ने पर आपके धन, स्वास्थ्य और रिश्तों संबंधी दृष्टिकोणों में आश्चर्यजनक कायाकल्प हो सकता है। इससे आप उन छिपी योग्यताओं और शक्तियों को खोजने में सक्षम हो जाते हैं, जो आपके सर्वश्रेष्ठ जीवन का निर्माण करने में आपकी मदद करेंगी। चूँकि मैं फ़िल्म की तुलना में इस पुस्तक में सह-निर्माताओं के ज़्यादा संदेश पहुँचा सकता हूँ, इसलिए मैं इस बारे में भी उनके ज़्यादा सुझाव बता सकता हूँ कि आप किन तरीक़ों से इन शक्तियों को विकसित कर सकते हैं। आपके पथ पर आपकी मदद करने के लिए हर अध्याय के अंत में मनन का खंड शामिल किया गया है, जिसके ज़रिये आप अपने दिल की विशिष्ट आवाज़ और बुद्धिमत्ता खोज सकते हैं।

प्रेरक चिंतकों के इस अविश्वसनीय समागम से आध्यात्मिक और व्यावहारिक मार्गदर्शन का यह ख़ज़ाना निकला है। मुझे आशा है कि फ़िल्म और इस पुस्तक की

मदद से आप अपने जीवन के उद्देश्य को खोज लेंगे, जो आपके भीतर इस समय भी किसी छिपे हुए ख़ज़ाने की तरह दबा है। अब समय आ गया है कि आप उस ख़ज़ाने को पा लें। अब समय आ गया है कि आप दिल की शक्ति को खोज लें।

मेरा रहस्य यह है। यह बहुत सरल है : कोई भी इंसान सिर्फ़ दिल से ही स्पष्टता से देखता है। जो अनिवार्य है, वह आँखों को दिखाई ही नहीं देता है।

— ऑन्टुआन द सांत-एक्ज़्यूपेरी

खंड 1

दिल की ओर जाने वाली राहें

ख़ामोशी से उस विचित्र खिंचाव की ओर खिंचें,
जिससे आप सचमुच प्रेम करते हैं। इससे आप दिशा नहीं भटकेंगे।

— रूमी

1. आपके भीतर की शक्ति

विश्व की आध्यात्मिक परंपराओं के कई महान गुरुओं ने दिल को सच्ची शक्ति का स्त्रोत बताया है।

रास्ता आसमान में नहीं है। रास्ता दिल में है।

— बुद्ध

आपको जो भी काम करना हो, उसे पूरे दिल से करें।

— ईसा मसीह

अपने अस्तित्व के केंद्र में रहें, क्योंकि आप केंद्र से जितने ज़्यादा दूर होते हैं, उतना ही कम सीखते हैं। अपने दिल को टटोलें - कार्य करने का तरीक़ा ही आपका अस्तित्व बन जाता है।

— लाओ त्सू

आज आधुनिक विज्ञान यह साबित कर चुका है कि हृदय में ऐसी शक्ति है, जो इसके जैविक कार्य से आगे तक जाती है।

रोलिन मेक्रेटी

लगभग हर आध्यात्मिक परंपरा और संसार के सभी मुख्य धर्म बताते हैं कि हृदय आत्मा तक पहुँचने का साधन है। यह मानव आत्मा तक, बुद्धिमत्ता तक, अंतर्ज्ञान तक और ऐसी ही सभी चीज़ों तक पहुँचने का साधन है। और शोध से दरअसल यह पता चल रहा है कि वे बिलकुल सही हैं। हृदय की गतिविधि मस्तिष्क से पहले ही प्रतिक्रिया करती है। दिल में दिमाग़ से पहले ही परिवर्तन हो जाते हैं। दिल दरअसल दिमाग़ को नपे-तुले संकेत भेजता है, जिन्हें ग्रहण करके दिमाग़ प्रतिक्रिया करता है।

हॉवर्ड मार्टिन

नए विज्ञान ने मेरे दिमाग़ को दिल की बुद्धिमत्ता का कायल बना दिया है। व्यापक शोध बताता है कि हमारे शरीर में जो दिल है, वह सिर्फ़ रक्त उलीचने वाली मशीन ही नहीं है; यह तो जानकारी को व्यवस्थित करने वाला केंद्र भी है। जब हृदय/मस्तिष्क/शरीर संवाद सर्वोत्तम होता है, तो ऐसी भावनाएँ उत्पन्न होती हैं, जिन्हें "दिल" के साथ लंबे समय से जोड़ा जाता रहा है, जैसे परवाह, आभार, करुणा, प्रेम आदि। लोग सहज बोध से जानते हैं कि हृदय और हृदय के गुण वास्तविक हैं। हमारे शारीरिक हृदय की भूमिका पर नया विज्ञान हमारे मस्तिष्क को तर्क देकर संतुष्ट कर देता है, जिससे हमें अपने सहज बोध के इस अहसास पर और ज़्यादा विश्वास हो जाता है। यह नया विज्ञान बताता है कि हमारे दिल में भी एक बुद्धिमत्ता होती है।

हम इस बुद्धि और शक्ति से कैसे जुड़ सकते हैं? हम इसका इस्तेमाल करके यह पता कैसे लगा सकते हैं कि हम कौन हैं और हमें क्या करना चाहिए? बुद्ध ने कहा

था, "आपका काम अपने संसार को खोजना है और फिर अपने पूरे हृदय से इसमें समर्पित हो जाना है।" सह-निर्माता यही करने में - हमें, हमारे केंद्र और हमारे उद्देश्य को खोजने में - हमारी मदद करेंगे ।

माया ऐंजेलू

मैं मानती हूँ कि हृदय हमारे जीवन में सबसे ज़्यादा शक्तिशाली, सबसे ज़्यादा प्रभाव डालने वाला तत्व है। मैं मानती हूँ कि हृदय यह समझने में हमारी मदद करता है कि हम कौन हैं, हम कहाँ हैं और हम कैसे हैं।

अपने दिल के साथ जुड़ने के लिए पहला क़दम यह पहचानना है कि यही आपका संपूर्ण निचोड़ है।

एकहार्ट टॉल

हृदय की शक्ति उससे जुड़ने में है, जो आप सबसे गहरे स्तर पर सचमुच हैं। हृदय की शक्ति ही जीवन की शक्ति है। यह उस बुद्धिमत्ता की शक्ति है, जो पूरी सृष्टि में व्याप्त और निहित है। यह एक ऐसी शक्ति है, जो पूरी सृष्टि के हृदय में वास करती है। इसलिए अगर आप उसके साथ जुड़ाव बना लेते हैं, तो आप हृदय की शक्ति के संपर्क में आ जाते हैं।

नील डोनाल्ड वॉल्श

दिल खोलने पर ही हम जीवन के सबसे गहरे मानव रहस्य तक पहुँचते हैं और यही आपकी सच्ची पहचान का रहस्य है।

अपने दिल के ज़रिये आप संसार में अपना रास्ता खोजते हैं।

पाउलो कोएलो

यदि आप अपना दिल नहीं खोलते हैं, तो आप कभी अपनी पूरी संभावना तक नहीं पहुँच पाएँगे।

अपने दिल के ज़रिये आप ज्ञान के ज़्यादा ऊँचे स्वरूप से जुड़ते हैं।

गैरी ज़ुकाव

तर्क और समझ की सर्वोच्च व्यवस्था का उद्‌गम आपके हृदय में होता है। इसका अनुभव आपके हृदय में होता है। इसे आपके हृदय में जिया जाता है।

अपने हृदय के ज़रिये ही आप प्रेरणा पाते हैं।

ईज़ाबेल आलिएंदे

मेरे लिए प्रेरणा अनिवार्य है। सृजनात्मकता अनिवार्य है और मैं इसे केवल दिल के रास्ते ही पा सकती हूँ।

और दिल से ही आप अंतर्दृष्टि पाते हैं। वास्तव में, दिल आपको वे सारी अंतर्दृष्टियाँ देता है, जिनकी आपको *ज़रूरत* है। इसके अलावा, यह वे अंतर्दृष्टियाँ भी देता है, जिनकी आप उम्मीद नहीं कर सकते – जो अपनी राह खोजने में आपकी मदद करती हैं।

दीपक चोपड़ा

आपका हृदय सारे जवाब जानता है, इसलिए अपना ध्यान वहीं केंद्रित रखें। यही वह पहली चीज़ है, जो आप कर सकते हैं।

आपका हृदय प्रेम उत्पन्न करता है और आपको दूसरों के साथ जोड़ता है - जिन्हें आप प्रेम करते हैं और जिन्हें आप जानते हैं। हृदय ही आपको संसार के समस्त जीवन से जोड़ता है।

जेन गुडऑल

हम हृदय के बारे में कविता वाले अंदाज़ में सोचते हैं। हम इसे प्रेम तथा करुणा का केंद्र मानते हैं, और यही हृदय बेहद महत्त्वपूर्ण है।

मैरियन विलियमसन

हम कौन हैं, इसकी सच्चाई दिल की सच्चाई है। हम कौन हैं, इसकी सच्चाई वह प्रेम है, जो शरीर के परे होता है।

और आपका दिल ही है, जो आपको संपूर्ण सृष्टि, इस ब्रह्मांड और ईश्वर से जोड़ता है।

माइकल बेकविथ

डॉ. मार्टिन लूथर किंग जूनियर ने कहा था, "ईश्वर का प्रेम मानव हृदय में कार्यरत् है।"

आइए, सह-निर्माताओं के साथ हृदय के कई अर्थों की खोज करते हैं और यह पता लगाते हैं कि हम इसकी आश्चर्यजनक शक्तियों से कैसे जुड़ सकते हैं।

2. हृदय और आत्मा

याद रखें, जहाँ आपका हृदय है, वहीं आपको अपना ख़ज़ाना मिलेगा।

— पाउलो कोएलो, द *अलकेमिस्ट*

मैंने कुछ लेखकों और शिक्षकों की इच्छा सूची बनाई थी, जिनसे मैं हृदय के बारे में इस पुस्तक और फ़िल्म के लिए बातचीत करना चाहता था। और पाउलो कोएलो का नाम उस सूची में बहुत ऊपर था। कुछ हद तक इसलिए, क्योंकि हृदय की शक्ति उनके लोकप्रिय उपन्यास *द अलकेमिस्ट* का केंद्रीय विषय है। मुख्य पात्र सैंटियागो एक छिपे हुए ख़ज़ाने की तलाश में मिस्त्र तक की यात्रा करता है और उसे अंत में पता चलता है कि सच्चा ख़ज़ाना तो उसके भीतर छिपा हुआ है।

मैं कोएलो से जिनेवा में उनके अपार्टमेंट के ऑफ़िस में मिला। मेरे लिए यह बहुत ही पवित्र जगह थी, जहाँ उन्होंने इतनी सारी अच्छी पुस्तकें लिखी थीं। कोएलो के ऑफ़िस का माहौल शांत है और दीवारों पर परिवार के फ़ोटोग्राफ़ तथा मॉडर्न आर्ट के चित्र हैं। उनके कंप्यूटर की स्क्रीन पर एक नई किताब की कहानी दिख रही थी। इसे देखकर मुझे उस दीवाने जैसा महसूस हुआ, जो बीटल्स का संगीत प्रेमी हो और जिसने ऐबे रोड स्टूडियोज़ में जॉन लेनन को गिटार बजाते हुए सुना हो।

मैंने कोएलो को अपने मिशन के बारे में बताया। मैंने उन्हें बताया कि मैंने वकालत की पढ़ाई की थी, मैं अपने माता-पिता की उम्मीदों के ख़िलाफ़ जाने से दहशत में था और मैं हृदय की शक्ति के बारे में कैसे जाग्रत हुआ था। हम एक

दूसरे के साथ तुरंत तालमेल में आ गए और कोएलो ने मुझे बताया कि उनके हृदय की जागरूकता ने ही उन्हें लिखने के लिए मजबूर किया था। किशोरावस्था में ही कोएलो जान गए थे कि वे एक लेखक बनना चाहते हैं, लेकिन उनके माता-पिता ने करियर के इस चयन पर आपत्ति की। माता-पिता को यह भी लगता था कि कोएलो अस्वस्थ रूप से अंतर्मुखी और हठी हैं। नतीजा यह हुआ कि सत्रह साल की उम्र से पहले ही माता-पिता ने कोएलो को एक मानसिक अस्पताल में भी भेजना चाहा। बीस साल की उम्र में अपने माता-पिता के आग्रह पर कोएलो लॉ स्कूल गए, लेकिन पढ़ाई अधूरी छोड़कर संसार भर की यात्रा पर निकल गए। बाद में वे गीतकार और पत्रकार बन गए।

पाउलो कोएलो

जिस पल मुझे अहसास हुआ कि मैं लेखक बनना चाहता था, उसी पल से मैंने कहा, "हो सकता है इसमें दस दिन लगें, दस साल लगें या बीस साल लगें, लेकिन मैं लिखने वाला हूँ।" मैंने गीत लिखकर शुरुआत की; मैंने अख़बारों में लेख लिखकर शुरुआत की। मेरे पास उस चीज़ का अनुसरण करने के अलावा कोई विकल्प ही नहीं था, जो मैं करना चाहता था।

आप अपने दिल से कभी नहीं बच पाएँगे।
इसलिए बेहतर यही है कि जो यह कहना चाहता है, उसे सुन लें।
— पाउलो कोएलो, द *अलकेमिस्ट*

उत्तर-पश्चिम स्पेन में सैंटियागो डी कॉम्पोस्टेला की ओर जाने वाले प्राचीन तीर्थयात्री मार्ग पर चलते समय कोएलो को जाग्रति हुई, जो उन्हें उनकी पहली पुस्तक लिखने की ओर ले गई।

कोएलो की कहानी सुनकर मेरी आँखों में आँसू छलछला आए। उन्होंने हृदय

की शक्ति को जिया था और वे इसके प्रतीक थे। उनकी कहानी बताती है कि कई बार आपको अपने अंदर की आवाज़ और जोश का अनुसरण करने के लिए बहुत बहादुर होना पड़ता है, जब आपके सिवा कोई भी इसे सुन या समझ नहीं सकता। लेकिन आपको साहस का पुरस्कार मिलेगा। हो सकता है कि दिमाग़ से दिल की राह संक्षिप्त या आसान न हो, लेकिन यह आपको आपकी तक़दीर तक ले जाएगी।

जब आप किसी चीज़ को सचमुच, सच्चे दिल से करते हैं, तो दरअसल कोई भी चीज़ घिसी-पिटी नहीं होती। अगर आप इसे सचमुच महसूस करते हैं और यह सच्ची है, और आप इसे महसूस करने वाले लोगों को जानते हैं, तो आपको यह ज़रा भी बकवास नहीं लगेगी। यह आपको अपने घुटनों पर बैठा देगी। इससे आपकी आँखों में आँसू आ जाएँगे। और यही मेरा काम है : उन कहानियों को ऐसे तरीक़े से बताना, जो हमें हैरान करें और उस संगीतमय-नाटिका की याद दिलाएँ, जिसमें हम हर ग़लती और हर नए अवसर के साथ जी रहे हैं।

— डेविड ओ. रसेल, फ़िल्म निर्देशक

हृदय की भाषा

दिल सिर्फ़ एक अति महत्त्वपूर्ण अंग ही नहीं है; यह उससे बहुत ज़्यादा है। आपका दिल आपकी भावनाओं का केंद्र है। जैसा कि सूक्ति में कहा गया है, “जैसा कोई इंसान अपने दिल में सोचता है, वैसा ही वह होता है।” जब आप अपनी सबसे गहरी भावनाओं को व्यक्त करते हैं, तो आप सहज बोध से अपना हाथ अपने दिल पर रख लेते हैं। और जब आप बातचीत में ख़ुद की ओर इशारा करते हैं, तो आप अपने सिर की तरफ़ नहीं, बल्कि अपने दिल की तरफ़ संकेत करते हैं।

हमारी भाषा में ऐसी अभिव्यक्तियाँ भरी पड़ी हैं, जिनमें हृदय को हमारी भावनाओं का केंद्र बताया गया है। हम किसी स्नेहिल व्यक्ति का वर्णन “खुले दिल का,” या “बड़े दिल वाला” के रूप में करते हैं। दूसरी ओर, हम भावहीन और असंवेदनशील व्यक्ति को “हृदयहीन” कहते हैं। जब कोई व्यक्ति आपके दिल के क़रीब होता है, तो इसका मतलब है कि आप उसकी बहुत परवाह

करते हैं। जब आप किसी को दिलासा देते हैं, तो आप उसे प्रोत्साहित करते हैं। जब आप अपना दिल गँवा देते हैं, तो इसका मतलब है कि आपको प्रेम हो गया है। लेकिन मेरे लिए सबसे मंत्रमुग्ध करने वाला वाक्यांश है "अपने दिल का अनुसरण करना" - वह करना, जिसे करना आपको सबसे ज़्यादा प्रिय है।

ख़ुद पर भरोसा रखें। फिर आप जान जाएँगे कि कैसे जीना है।

— गोएटे

भावनाएँ ही दिल की भाषा हैं। जब आप अपने दिल का अनुसरण करते हैं, तो आप अपने दिमाग़ की नहीं सुनते हैं, बल्कि उसे सुनते हैं, जिसे आप सही मानते हैं। आपकी आत्मा की आवाज़ भी आपके दिल के ज़रिये बोलती है, जो एक कम्पास की तरह आपको सही दिशा की ओर संकेत कर देती है। आपकी आत्मा का केंद्र - आपका आध्यात्मिक सार - आपके दिल के भीतर है।

हॉवर्ड मार्टिन

कई हज़ार साल पहले पूरे संसार में विभिन्न संस्कृतियों के लोग हृदय को मानव तंत्र में बुद्धि का केंद्र मानते थे। मैंने इस बारे में जो सबसे पुरानी इबारतें देखी हैं, वे प्राचीन चीनी चिकित्सा में 4,500 साल पहले लिखी गई थीं। बुद्धिमान हृदय की यह धारणा पूरे इतिहास में मौजूद रही है।

हृदय को भावनात्मक केंद्र मानने के अलावा लंबे समय से यह भी माना जाता रहा है कि हृदय में बुद्धि और निर्णय लेने की योग्यता भी होती है। प्राचीन चीनी चिकित्सा में हृदय ही मस्तिष्क और शरीर के बीच के जुड़ाव का केंद्र है। "सोचने," "विचार" और "प्रेम" के सभी चीनी अक्षरों में "हृदय" के अक्षर शामिल हैं। योग परंपरा में हृदय शाब्दिक और प्रतीकात्मक दोनों तरीक़ों से हमारा आंतरिक मार्गदर्शक है। जापानी भाषा में हृदय के लिए दो अलग-अलग शब्द हैं : शारीरिक अंग के लिए

शिन्जू और "हृदय के मस्तिष्क" के लिए *कोकोरो*।

प्रेमपूर्ण हृदय समस्त ज्ञान की शुरुआत है।

— टॉमस कार्लाइल

लेकिन समय के साथ हृदय के बारे में इस युगों पुराने ज्ञान को नज़रअंदाज़ कर दिया गया और इसके प्रति सम्मान खो गया।

दीपक चोपड़ा

एक प्राचीन भारतीय कहानी है कि ईश्वर सत्य को छिपाना चाहता था और उसने कहा, "मैं इसे लोगों के लिए रोचक बनाना चाहता हूँ और मैं इसे जिस जगह रखना चाहता हूँ, वह है उनका हृदय, ताकि वे हर जगह इसकी तलाश करें और बाद में उन्हें पता चले कि सत्य तो उनके हृदय में ही है।"

कई लोग अपना पूरा जीवन संतुष्टि और ख़ुशी की तलाश में बिता देते हैं। उन्हें उम्मीद रहती है कि एक सुंदर मकान, एक आलीशान कार या दूसरी भौतिक संपत्तियाँ ख़रीदने से उन्हें ख़ुशी मिल जाएगी। लेकिन जब इन चीज़ों से उनकी संतुष्टि कम हो जाती है, तो वे ख़ालीपन को भरने के लिए दूसरी चीज़ों की तलाश करते हैं : वे नौकरियाँ बदलते हैं, महँगी छुट्टियाँ मनाने जाते हैं या नया जीवनसाथी खोजते हैं। लेकिन जैसा *द अलकेमिस्ट* में सैंटियागो खोजता है कि सबसे बड़ा ख़ज़ाना, ख़ुशी और परिपूर्णता का आपका सच्चा स्त्रोत आपके भीतर, और आपके हृदय में है।

सृष्टि की हर चीज़ आपके भीतर है। सारी चीज़ें ख़ुद से माँगिये।

— रूमी

मार्सी शिमॉफ़

इतिहास में हर आध्यात्मिक परंपरा ने हृदय को आत्मा का केंद्र बताया है - हृदय में हीरा, हृदय में कमल, हृदय में मंदिर। हर परंपरा हृदय को उस चीज़ का सार बताती है, जो हम सचमुच हैं।

जब आप अपने हृदय से संपर्क खो देते हैं, तो आप अपने सच्चे स्व से संपर्क खो देते हैं। आप बिना सहारे के और निरुद्देश्य महसूस करने लगते हैं; आपके चारों ओर का संसार रंगहीन, नीरस और स्याह दिखने लगता है। आप यह याद नहीं कर सकते कि आप अपने जीवन में किधर जा रहे हैं। लेकिन जैसे ही आप अपने हृदय के साथ दोबारा जुड़ते हैं, हर चीज़ बेहतर होने लगती है। जब तक आप अपने दिल को जानते हैं, तब तक आप दरअसल भटक ही नहीं सकते।

दीपक चोपड़ा

आपकी आत्मा के साथ जुड़ने का तरीक़ा अपनी जागरूकता को अपने हृदय में लाना है। अपनी चेतन जागरूकता को अपने हृदय में लाएँ।

और जैसा टॉल, चोपड़ा और अन्य सह-निर्माता अनुशंसा करते हैं, अपने हृदय के साथ जुड़ने का सबसे अच्छा तरीक़ा मौन के ज़रिये है।

> ***मौन महान शिक्षक है और इसके सबक़ सीखने के लिए आपको इसकी ओर ध्यान देना चाहिए। सृजनात्मक प्रेरणा, ज्ञान और स्थिरता का कोई विकल्प नहीं है, जो यह जानने से मिलते हैं कि आंतरिक मौन के मूल स्त्रोत से कैसे संपर्क किया जाए।***
>
> — दीपक चोपड़ा

मनन

अपने हृदय की आवाज़ सुनना

अपने हृदय से जुड़ने के लिए ख़ुद को किसी शांत जगह पर ले जाएँ। बैठकर अपने विचारों को ख़ामोश कर लें। अपने मस्तिष्क को शून्यवत हो जाने दें। जो भी विचार आपको चिंतित कर रहे हैं, उन्हें बस हल्के से परे कर दें। अपने मन की शांति में साँस लें, उस जगह में जो आपने वहाँ निर्मित की है। अपनी भावनाओं को बिना शब्दों के सुनें। आपको एक धीमी, शांत करने वाली आवाज़ सुनाई दे सकती है – कानों से नहीं, बल्कि भावनाओं से। यह आपके हृदय की आवाज़ है, जो आपको बता रही है कि सब कुछ ठीक हो जाएगा।

जब आप अपने हृदय की आंतरिक आवाज़ सुनते हैं, तो आप अपने जीवन के साथ बेहतर लय बना पाते हैं। आप अपनी दिशा का अहसास दोबारा पा लेते हैं। आप इस बात का एक नया अहसास विकसित करते हैं कि आप कौन हैं। आप जान जाते हैं कि आप क्या करना चाहते हैं और क्यों।

सब कुछ अच्छा होगा, और सब कुछ अच्छा होगा,
और हर तरह से अच्छा होगा।
– जूलियन ऑफ़ नॉरविच

3. हृदय की बुद्धिमत्ता के प्रति खुलना

दूसरों की राय के शोर में अपने अंदर की आवाज़ को न डूबने दें। और सबसे अहम बात, अपने हृदय और अंतर्बोध का अनुसरण करने का साहस रखें।

— स्टीव जॉब्स

जब हम हृदय को एक शारीरिक अंग, और साथ ही साथ आध्यात्मिक शक्ति के एक स्त्रोत के रूप में देखते हैं, तो यह एक चमत्कार की तरह है।

हॉवर्ड मार्टिन

आज भी विज्ञान पक्के तौर पर यह नहीं जानता कि हृदय का धड़कना कैसे शुरू होता है। हमारे शरीर का यह एक आश्चर्यजनक

हिस्सा है, जो जीवन के प्रारंभ का संकेत है, लेकिन आज भी विज्ञान हमें सटीकता से यह नहीं बता सकता कि यह धड़कना क्यों शुरू होता है।

हमारे दिल की पहली धड़कन स्वतः ही शुरू होती है। धड़कन उस पल शुरू होती है, जब वे ख़ास हृदय कोशिकाएँ गर्भ में बनती और बढ़ती हैं। कोशिकाएँ पूरे हृदय के बनने से पहले ही धड़कने लगती हैं। और वे एक साथ धड़कती हैं। कोई भी स्पष्ट बाहरी या आंतरिक उद्दीपन उन्हें धड़काना शुरू नहीं करता है। धड़कना हृदय की कोशिकाओं के स्वभाव में निहित होता है।

नील डोनाल्ड वॉल्श

हृदय तब धड़कना शुरू करता है, जब ईश्वर कहता है, "हलो, मैं यहाँ हूँ।" यह जीवन की शुरुआत है और मैं इसे साबित कर सकता हूँ। अपने हृदय की आवाज़ सुनें। आपके हृदय की धड़कन ही जीवन की ऊर्जा है। यह आपके शरीर के बाहर से आई है, लेकिन यह आपके शरीर में जान डालती है और आप जो हैं उसका उपहार देती है। इससे बड़ा तोहफ़ा भला क्या हो सकता है? हम इसे कैसे नज़रअंदाज़ कर सकते हैं, हम इसकी ओर सबसे कम ध्यान देने के बजाय सबसे ज़्यादा ध्यान कैसे दे सकते हैं?

हृदय एक अदृश्य ऊर्जा से प्रेरित होता है – सृष्टि की ऊर्जा, एक ऐसी शक्ति जो हर पदार्थ में व्याप्त है और हर चीज़ तथा हर व्यक्ति को एक साथ बाँधती है। उस ऊर्जा से ज़्यादा शक्तिशाली सृष्टि में कुछ नहीं है। किसी भी चीज़ में इससे ज़्यादा क्षमता नहीं है। इसे ताओवाद में *ची* कहा जाता है, हिब्रू संस्कृति में *रुह* कहा जाता है, हिंदू धर्म में *प्राण* कहा जाता है और पाश्चात्य दर्शन में *वाइटल एनर्जी* कहा जाता है। इस

नील डोनाल्ड वॉल्श *(बायीं ओर)*

ऊर्जा का उद्गम शरीर के बाहर होता है और यह ऊर्जा आपके हृदय की धड़कन को शुरू करती है। यह शरीर की सभी अत्यावश्यक क्रियाओं को शुरू करती है।

ईज़ाबेल आलिएंदे

एक बार मैंने एक सर्जन की बात सुनी, जो हृदय प्रत्यारोपणों के बारे में बात कर रहे थे। और वे कह रहे थे कि उन्होंने एक हृदय को प्रत्यारोपण के लिए नए शरीर में रखा, जिसे वे जीवन देने वाले थे। और हृदय मृत होकर भी मृत नहीं था। और फिर सर्जन हृदय को बहुत हौले से छूते हैं और यह हिलने लगता है और यह उस शरीर को जीवन देने लगता है। और मैंने सोचा कि यह एक तरह से इस बात का लक्षण है कि हृदय कैसा होता है। आप इसे स्पर्श करते हैं, और जब आप इसे स्पर्श करते हैं, तो आप जान जाते हैं कि जीवन कहाँ है।

मार्सी शिमॉफ़

हृदय ही है, जहाँ सारा कार्य होता है। और हृदय को खुला रखना ही सबसे परिपूर्ण, समृद्ध, सफल जीवन जीने की कुंजी है। खुला हृदय हमें जीवन को बहुत अलग तरीक़े से देखने की अनुमति देता है।

अपने हृदय के प्रति खुलने का मतलब है अर्थ और उद्देश्य से भरा जोशीला जीवन जीना। इसका अर्थ है वे चीज़ें करना, जो आप महसूस करते हैं कि आपको करनी चाहिए। इसका अर्थ है वह जीवन जीना, जिसे जीने के लिए आप पैदा हुए थे। जब आप खुले दिल से जीते हैं, तो आप ख़ुद को सहिष्णुता, सद्भावना, सहयोग और दूसरों के प्रति सम्मान जैसे आदर्शों के तालमेल में लाते हैं।

मार्सी शिमॉफ़ *(दायीं ओर)*

हॉवर्ड मार्टिन

अगर दूसरी तरह से कहें तो हृदय की बुद्धिमत्ता दरअसल आपकी सच्ची शक्ति से संपर्क है। यह वास्तविकता और सत्य के उस स्त्रोत के साथ संपर्क है, जो आपके भीतर है। यही वह जगह है, जहाँ हम चीज़ों को प्रकट करते हैं। यही वह जगह है, जहाँ हम काम को करते हैं। यहीं हम अपनी चुनौतियों, अपनी सीमाओं, अपनी शंकाओं और अपने भय के पार निकलने में सक्षम होते हैं और वे चीज़ें करते हैं, जो हम सचमुच जानते हैं कि हमें अपने भीतर करनी चाहिए। यह हृदय की सक्रिय शक्ति है, और वह भी इसके सबसे उपयोगी रूप में।

गैरी ज़ुकाव

हृदय की बुद्धिमत्ता क्या है? आपका वह हिस्सा, जो जीवन का सबसे स्वस्थ, सबसे आधारभूत, सबसे सृजनात्मक, सबसे हितकारी योगदानकर्ता है।

चूँकि आपका हृदय उसका सार है, जो आप सचमुच हैं, इसलिए यह जानता है कि आपको कहाँ जाने की ज़रूरत है और आप इस पृथ्वी पर क्यों आए हैं। कई बार केवल आपका हृदय ही आपको यह बता सकता है कि आपको क्या करना चाहिए। आपके मस्तिष्क के पास आपकी परिस्थितियों के बारे में एक सीमित दृष्टिकोण ही होता है, लेकिन आपका हृदय एक ज़्यादा ऊँचे दृष्टिकोण से हर स्थिति का आकलन कर सकता है।

जब हृदय बोलता है, तो मस्तिष्क आपत्ति उठाने को शालीनता नहीं मानता।
— मिलान कुंदेरा

क्या आप कभी कोई समस्या सुलझाने में नाकाम रहे हैं, अपने दिमाग़ को तरोताज़ा करने के लिए बाहर टहलने गए हैं, और अचानक आपको बिल्कुल सटीक समाधान सूझ गया? यह दरअसल हृदय की शक्ति है, जो आपको अपने आस-पास की ऊर्जा और प्रेरणा के प्रति खोलती है। जिस पल आप अपने हृदय की बात सुनने और हृदय को खोलने का चुनाव करते हैं, आप बुद्धिमत्ता के इस शक्तिशाली स्त्रोत का दोहन कर लेते हैं।

गैरी ज़ुकाव

हृदय की बुद्धिमत्ता हर पल की शक्ति, सुंदरता और अवसर को देख लेगी, जो आप जीते हैं और प्रत्येक पल को सँजोकर रखेगी।

हर नया दिन आपको अपना दिल खोलने का एक नया अवसर देता है। जब आप ऐसा कर लेते हैं, तो आप लोगों और चीज़ों की अच्छाई पर ग़ौर करते हैं, जिन्हें आपने पहले नज़रअंदाज़ कर दिया था। आप निराशाओं को सही दृष्टिकोण से देखने में सक्षम होते हैं; आप उन महान अवसरों के प्रति ज़्यादा ग्रहणशील होते हैं, जो नियमित रूप से आपके सामने ख़ुद को पेश करते हैं।

अपने हृदय को खोलकर आप अपने ख़ुद के अस्तित्व के ज़्यादा गहरे आयाम के बारे में जागरूक होते हैं। आप समझ जाते हैं कि आप दरअसल कौन हैं और यहाँ क्यों आए हैं।

एकहार्ट टॉल

हृदय आपके भीतर के सबसे बुनियादी आयाम की ओर इशारा करता है। इससे न जुड़ना और अपने जीवन को इस तरह जीना, मानो उस आयाम का अस्तित्व ही न हो, दरअसल पृथ्वी पर अपने जीवन के उद्देश्य से चूकना है, चाहे आप बाहर कुछ भी हासिल कर लें।

दीपक चोपड़ा

बुद्धिमत्ता की सभी परंपराओं में आत्मा का सच्चा घर ग़ैर-स्थानीय है, जो दूरी और समय से परे है। लेकिन यह दूरी और समय में स्थानीय रूप से ख़ुद को व्यक्त करती है, और हाँ, ज़्यादातर आध्यात्मिक परंपराओं में हृदय ही दूरी-समय और स्थानीयता के संसार में ज्ञानातीत आत्मा का शुरुआती बिंदु है।

नील डोनाल्ड वॉल्श

मानव हृदय का रहस्य यह है कि इसमें सिर्फ़ आपकी ही नहीं, बल्कि ईश्वर की पहचान भी एकरूप होकर मौजूद है।

माया ऐंजेलू

ईश्वर हृदय में बोलता है, हृदय से बोलता है। ईश्वर हृदय से बोलता है।

गैरी ज़ुकाव

दैवी प्रज्ञा हृदय में होती है। आप अपनी आत्मा को बुद्धि में नहीं पाएँगे।

अपने दिल की आवाज़ के ज़रिये आप एक दैवी आयाम तक पहुँच हासिल करते हैं, जो पहले दिन से ही आपके भीतर मौजूद है। आपके दिल में वह दैवी आयाम और आपका सबसे सच्चा स्वरूप एक ही हैं।

जिनका दिल साफ़ है, वे धन्य हैं, क्योंकि वे ईश्वर को देख सकेंगे।

— ईसा मसीह

मनन

मौन में चलना

हर साँस, हर क़दम अथाह शांति, ख़ुशी और पवित्रता से भरा हो सकता है।
हमें केवल वर्तमान पल में जाग्रत, जीवित रहने की ज़रूरत होती है।

— थिक न्यत हान

जागरूकता के साथ चलना कई संस्कृतियों में एक परंपरा है। जब आपका शरीर सक्रिय होता है, तो आपका मस्तिष्क चिंताओं और समस्याओं पर केंद्रित नहीं रह सकता। घूमने जाएँ – अपने घर के चारों ओर या पार्क में, जहाँ भी आपको अच्छा लगता हो – और अपने दिमाग़ को तथा ख़ुद को शांत करने के लिए अपने दिल की आवाज़ सुनें।

आरामदेह गति से चलें और हर क़दम पर ध्यान दें। हर क़दम के साथ आप यहाँ और अभी पहुँचते हैं। आप वर्तमान पल में होते हैं। आपका हर क़दम ज़मीन को कैसे छूता है, इस बारे में जागरूक बनें। एड़ी और पंजे दोनों के संपर्क के हर बिंदु को महसूस करें। हर क़दम के बारे में जागरूक रहें और अब अपना ध्यान अपनी श्वास पर लाएँ। आप जो भी क़दम उठाते हैं, हर क़दम के साथ साँस लेते समय आप ख़ुद से कहें, "अंदर।" जब आप साँस छोड़ते हैं, तो हर उठाए गए क़दम के साथ आप ख़ुद से कहें, "बाहर।" हर क़दम और श्वास के साथ, जब आपका मस्तिष्क शांत होता जाता है, तो आप स्वयं के साथ संवाद के लिए अपने हृदय को जगह देते हैं।

एक बार जब आपका दिमाग़ और शरीर शांत हो जाए, तो अपना ध्यान अपने दिल की ओर लाएँ। अपने दिल की जागरूकता के साथ चलें, अपने दिल के साथ चलें। अगर आप महसूस करें कि आप तैयार हैं, तो अपने दिल से पूछें, तुम मुझे क्या बताना चाहते हो?

4. हृदय की बुद्धिमत्ता

संसार की सबसे अच्छी और सबसे सुंदर चीज़ें देखी नहीं जा सकतीं, उन्हें छुआ भी नहीं जा सकता - उन्हें तो हृदय से महसूस करना होता है।

— हेलन केलर

हमें इस बात का अहसास ही नहीं होता है कि हम रोज़मर्रा के जीवन में अपने दिमाग़ का कहा ज़्यादा मानते हैं और विचारों पर ज़्यादा ध्यान देते हैं, जबकि हम अपने हृदय और आंतरिक मार्गदर्शन पर कम ध्यान देते हैं। हम अक्सर अपने दिमाग़ के भीतर ताले में बंद हो जाते हैं। हम अपनी भावनाओं पर क़ाबू रखने की प्रोग्रामिंग कर लेते हैं। हम अंतर्बोध के किसी भी तरह के आभासों को अनुचित, भयावह या अजीब मानकर ख़ारिज कर देते हैं। जब हमें कोई महत्त्वपूर्ण निर्णय लेना होता है, तो प्रायः हम सकारात्मक और नकारात्मक बिंदुओं को तौलने के बाद फ़ैसला करते हैं कि तार्किक चयन सर्वश्रेष्ठ है।

एक भला हृदय संसार के तमाम दिमाग़ों से बेहतर है।

— रॉबर्ट बुल्वर-लिटन

लेकिन तार्किक निर्णय लेने के बाद - चाहे यह कारगर साबित हुआ हो या न हुआ हो - आपने कितनी बार सोचा है, *काश मैंने अपने दिल की बात सुनी होती?* आपके दिल ने आपसे जो करने को कहा था, क्या आपने कभी उसे न करने का कम से कम एक बहाना बनाया है? वह भी सिर्फ़ इसलिए कि दूसरे क्या कहेंगे या सोचेंगे। या आपने उसे न करने के बहाने बनाए हैं, जो आप दिल की गहराई में सबसे ज़्यादा करना चाहते थे? जब हम दिल के संदेशों को नज़रअंदाज़ करते हैं, तो हम अपने सपनों को दफ़न कर देते हैं और अपनी अंदरूनी लपट को बुझा लेते हैं।

पाउलो कोएलो

मैं बहुत से लोगों को जानता हूँ, जो "मुर्दा" हैं। हालाँकि वे चलते हैं, वे बात करते हैं, वे टेलीविज़न देखते हैं, लेकिन वे मुर्दों जैसा जीवन जीते हैं। वे कई बार कड़ी मेहनत करते हैं, लेकिन उनमें दैवी ऊर्जा की चिंगारी कहीं खो गई है। वैसे यह हमेशा के लिए नहीं खोई है। आपकी आत्मा में रहने वाला बच्चा हमेशा दोबारा 'हलो' कह सकता है और इस चिंगारी को प्रकट करने के लिए उत्प्रेरित कर सकता है। लेकिन ये लोग इसी बात से इंकार कर देते हैं कि उनके भी सपने हैं। उनका सपनों के साथ संपर्क टूट चुका है। जो इंसान अपने दिल से जुड़ा हुआ नहीं है, वह वास्तव में जी ही नहीं रहा है।

जब आप अपने दिल के संपर्क से पूरी तरह बाहर होते हैं, तो आप असहज महसूस करते हैं, मानो आप सतह पर ही रह रहे हैं और किसी महत्त्वपूर्ण चीज़ से वंचित हैं। जब भी आप मोहभंग की अवस्था में या कुंठित हों, तो अपने दिल से कहें कि यह आपको अपनी सबसे गहरी भावनाओं के साथ जोड़े - वे दैवी ऊर्जा की चिंगारी हैं, जो उद्देश्यपूर्ण जीवन जीने के लिए अत्यंत महत्त्वपूर्ण है।

पाउलो कोएलो *(दायीं ओर)*

माइकल बेकविथ

दिल के भीतर एक बुद्धिमत्ता होती है, जो हमारे दिमाग़ की समझ से कहीं ज़्यादा बड़ी होती है।

हालाँकि हो सकता है कि आप अपने दिल की प्रेरणाओं का अचेतन रूप से अनुसरण करते हों, लेकिन अमूमन आप उनके बारे में जागरूक नहीं होते। यदि आप अपने दिल की बुद्धिमत्ता के बारे में चेतन बनना चाहते हैं, तो बस अपने हृदय के द्वार खोलें और इसकी अंदरूनी आवाज़ सुनें।

पाउलो कोएलो

उम्मीद न खोएँ। ईश्वर आपके सिर पर ठोकर मारने के तीन, चार तरीक़े खोजता है और कहता है, "चलो उठो! जीवन में अपना उद्देश्य मत भूलो!" अपने सपने को एक मौक़ा दें। आपको कभी इसका अफ़सोस नहीं होगा। मैं यह नहीं कह रहा हूँ कि आपको कष्ट नहीं होगा। मैं यह नहीं कह रहा हूँ कि आप पराजित नहीं होंगे। मैं तो यह कह रहा हूँ कि आपको अफ़सोस नहीं होगा।

आपका हृदय आपको बताता है कि आपके जीवन *में* और जीवन *का* अर्थ क्या है। यह आपको ज्ञान के एक ज़्यादा बड़े स्त्रोत से जोड़ता है, जिस तक आप अपने मस्तिष्क के साथ नहीं पहुँच सकते। दार्शनिक ब्लेज़ पास्कल इस बात को इससे बेहतर तरीक़े से नहीं कह सकते थे, "हृदय के अपने तर्क होते हैं, जिन्हें तर्क नहीं जानता।"

एप्पल के सह-संस्थापक और सीईओ स्टीव जॉब्स हृदय को प्रेरणा और परिपूर्णता का स्त्रोत मानते थे। उन्होंने अपनी उपलब्धियों का पूरा श्रेय हृदय की शक्ति को ही दिया है : "सचमुच संतुष्ट होने का एकमात्र तरीक़ा उसे करना है, जिसे आप बेहतरीन काम मानते हैं। और बेहतरीन काम करने का एकमात्र तरीक़ा

उससे प्रेम करना है, जो आप करते हैं। अगर आपको यह अब तक नहीं मिल पाया है, तो खोज करते रहें और समझौता न करें। हृदय के अन्य मामलों की तरह ही, जब यह आपको मिलेगा, तो आपको पता चल जाएगा। और किसी भी बेहतरीन संबंध की तरह समय गुज़रने के साथ यह उतना ही बेहतर बनता जाता है। इसलिए तलाश करते रहें। समझौता न करें।"

अपने दिल के ज़रिये आप अपनी सबसे बड़ी इच्छा और जोश को समझते हैं। आपके जीवन और कल्पना पर रोज़मर्रा के जो बंधन होते हैं, उन्हें तोड़ने की सहज प्रवृत्ति और सृजनात्मकता आपको दिल के ज़रिये ही मिलती है - पूरी गहराई से जीवन जीकर। जब आप अपने दिल के प्रति खुलते हैं, तो आपका पूरा संसार बदल जाता है - यह पूरी तरह विस्तृत हो जाता है। आप ख़ुद को एक मित्रतापूर्ण सृष्टि के हिस्से के रूप में देखते हैं, ऐसी सृष्टि जो संभावना से भरी है, जो एक सकारात्मक ऊर्जा उत्पन्न कर रही है और बार-बार कर रही है।

दीपक चोपड़ा

हृदय के संपर्क में आना सर्वव्यापी चेतना या आत्मा के साथ जुड़ जाने जैसा है। आपका हृदय एक छोटा कंप्यूटर है, जो उस ब्रह्मांडीय कंप्यूटर से जुड़ा हुआ है, जहाँ हर चीज़ अविभाजित और एक है।

आपका हृदय आपको एक विशाल सर्वर से जुड़ने की अनुमति देता है : सृष्टि। यह सर्वर चहुँ ओर व्याप्त है, हालाँकि आपके अपने कनेक्शन में ख़राबी हो सकती है। जब आप सृष्टि की ऊर्जा से जुड़ जाते हैं, तो आप ज़्यादा बड़े लक्ष्य तक पहुँच सकते हैं, अपने जीवन के साथ दूसरों के जीवन के आपसी जुड़ाव को महसूस कर सकते हैं। आपका हृदय जानता है कि आपको किस चीज़ से ख़ुशी मिलेगी।

नील डोनाल्ड वॉल्श

अगर मैं सारे लोगों, और ख़ास तौर पर युवा लोगों को एक सलाह दे सकूँ, तो वह यह होगी : अपने दिल का इस्तेमाल करें। अपने दिमाग़ को भूल जाएँ। आपका दिमाग़ बस आपको आपकी कहानी, आपकी कल्पना और आपके विचार में उलझा देगा, जो परिस्थितियों के बारे में आम तौर पर सबसे बुरा विचार होगा। लेकिन आपका दिल सच्चाई जानता है। अपने दिल की बात सुनेंगे, तो आप कभी ग़लत नहीं हो सकते। कभी नहीं।

आपका दिल आपकी ज़िंदगी को उसी तरह देखता है, मानो यह किसी नदी की दिशा का अनुसरण कर रही हो - अपने स्त्रोत से लेकर समुद्र तक - जबकि आपका दिमाग़ अगले मोड़ से आगे भी नहीं देख सकता। आपका दिमाग़ वर्तमान चिंताओं और अल्पकालीन लक्ष्यों की झाड़ियों में ही उलझा रहता है, जो आपके बड़े उद्देश्य को देखने की राह में बाधक हो सकती हैं। आपका दिमाग़ आपकी नाव खेता रहता है, हालाँकि आप जिधर जा रहे हैं, उधर आपकी पीठ रहती है। आपको बस वही दिखता है जहाँ से आप निकल चुके हैं। इसलिए जब भी आपकी राह में कोई बाधा आती है या आपको दिशा बदलने की ज़रूरत होती है, तो आप कुंठित हो जाते हैं।

लेकिन जब आप खुद को अपने दिल के प्रति खोल लेते हैं, तो आप पाते हैं कि आपका दिल वह बात जानता था, जिस पर आपका दिमाग़ व्यस्त होने के कारण ग़ौर नहीं कर पाया - आगे बहुत तेज़ धारा थी और आपको उसके लिए तैयार रहना चाहिए था। अपने दिल के प्रति खुलें। इसकी उच्चतर चेतना आपके कानों में फुसफुसाकर बोलेगी और उथल-पुथल के संकेतों की चेतावनी देगी। यह तर्क नहीं, बल्कि अंतर्बोध के ज़रिये आपसे बोलेगी।

पाउलो कोएलो

आप अपने दिल की बात सुनकर शुरुआत करते हैं। फिर आप इसे असली भौतिक जगत में प्रकट करना शुरू करते हैं।

अपने हृदय की आवाज़ सुनने के लिए शांति और एकांत खोजने का समय निकालें। जब आप फ़ोन, मैसेज या ईमेल के ज़रिये दूसरों से लगातार जुड़े होते हैं, तो आप अपने दिल को मौक़ा ही नहीं देते कि वह आपको संदेश पहुँचा सके। आपके सारे सर्किट व्यस्त होते हैं और आपकी आंतरिक आवाज़ आप तक नहीं पहुँच पाती। काम या चिंताओं की वजह से आपका ध्यान भटका होता है और आपके विचार बहुत सारी छुटपुट चीज़ों में विभाजित हो जाते हैं।

ईज़ाबेल आलिएंदे

जब हम मौन में होते हैं, तभी हृदय से जुड़ सकते हैं। हम प्रायः शोर में जीते हैं और हम सारे समय इतने व्यस्त रहते हैं कि हमारे पास हृदय के लिए कोई समय, कोई स्थान, कोई मौन ही नहीं होता है। लोग इसीलिए ध्यान या प्रार्थना करते हैं, क्योंकि उन्हें उस स्थान, उस पल की ज़रूरत होती है, जब वे हृदय की बात सुन सकें।

हम सभी में जल्दबाज़ी करने की प्रवृत्ति होती है। हम कई बार फँसे हुए और डूबे हुए महसूस करते हैं। बाक़ी समय हम ऐसा महसूस करते हैं, मानो हम नींद में चलते हुए अपनी दिनचर्या निबटा रहे हैं। ऐसी बहुत सी चीज़ें हैं, जिन्हें हम बदल नहीं सकते या प्रभावित नहीं कर सकते : असाध्य रोग, प्राकृतिक आपदाएँ, मृत्यु। लेकिन कई दूसरी चीज़ें हमारे नियंत्रण के बाहर चली जाती हैं या हमसे छूट जाती हैं, क्योंकि हम अपने दिमाग़ के शोर के चलते दिल की फुसफुसाहटों को नहीं सुन पाते। जब आप अपने दिमाग़ को शांत कर लेते हैं, तो आप इसे अपने दिल के सामंजस्य में ले आते हैं।

माइकल बेकविथ

अगर हम दिल की नहीं सुनते हैं, तो हम दुनिया की बेकार की बातें सुनेंगे और हम अंततः उपभोक्तावादी समाज, लालच, डर तथा चिंता का अनुकरण करते चले जाएँगे और अपना जीवन नहीं जी पाएँगे। हमारे पास जीने के लिए एक ज़िंदगी है। दिल के पास जवाब हैं।

अपना ध्यान अपने दिल पर लाएँ और सबको समाहित करने वाले, सर्वव्यापी सर्वर से जुड़ जाएँ। इसकी अत्यावश्यक जानकारी अपने जीवन को अपना बनाने में आपकी मदद करेगी। इससे आप अपनी दैनिक ज़िम्मेदारियों तथा अल्पकालीन लक्ष्यों के पार अपने बड़े उद्‌देश्यों को भी देख पाएँगे।

जेन गुडऑल

अगर हम दिल से नहीं सोच रहे, तो हम इस आधार पर निर्णय ले रहे हैं कि, "इससे मुझे अभी फ़ायदा कैसे होगा?" और "यह अगली शेयरहोल्डर मीटिंग या अगले राजनीतिक प्रचार अभियान पर कैसा असर डालेगा?"

अपने हृदय की आवाज़ सुनने के लिए अपने दिमाग़ से बाहर निकल आएँ। शांति से बैठने का समय निकालें, ताकि आप इन सारे अलग-अलग विचारों और आवेगों को एक केन्द्रित कर सकें। फिर आप अपने ध्यान को उस पर केंद्रित रहने के लिए प्रशिक्षित कर सकते हैं, जो महत्त्वपूर्ण है और आपका जन्म क्या करने के लिए हुआ है; आप कहाँ पहुँचने के लिए जन्मे हैं।

पाउलो कोएलो

जब आप अपने दिल की सुनते हैं, तो दरवाज़ा खोलने में समर्थ होते हैं।

आपका मस्तिष्क और ध्यान किसी मांसपेशी जैसे होते हैं। हर मांसपेशी को व्यायाम की ज़रूरत होती है और आपके ध्यान को जिस तरह के व्यायाम की ज़रूरत होती है, वह है शांत एकाग्रता या चेतना। यह आपके मस्तिष्क को विभाजित नहीं, एकाग्र होने के लिए ढालता है। चेतना के साथ साँस लेने, चलने या बैठने से आपकी जागरूकता शक्तिशाली होती है, जिससे आपका मस्तिष्क आपके हृदय की स्पंदित बुद्धि के समन्वय में आ जाता है।

जो लोग सच्चे दिल से ईश्वर को वास्तव में पुकारेंगे, उनकी पुकार निश्चित रूप से सुनी जाएगी तथा उन्होंने जो माँगा और चाहा है, वह उन्हें अवश्य मिलेगा।

— मार्टिन लूथर

कई बार आपका दिल आपको जो बताता है, वह पहले-पहल तो अजीब या अतार्किक लग सकता है। लेकिन इन संदेशों को तुरंत ख़ारिज न करें। बैठकर उन्हें सुनें। उनका विश्लेषण करने की कोशिश न करें, बल्कि उनका मूल्यांकन इस आधार पर करें कि वे कैसे महसूस होते हैं। आपके दिल का रास्ता भावना पर आधारित है। दिल की प्रेरणा बुनियादी और स्वाभाविक महसूस होती है। दिल की आवाज़ को यह बताने की अनुमति दें कि इसका क्या मतलब है। खुद से पूछें, *मैं इस मार्गदर्शन के बारे में कैसा महसूस करता हूँ?* आप जान जाते हैं जब आपका दिल आपको किसी चीज़ को चुनने की प्रेरणा देता है, क्योंकि यह आपको बिलकुल सही महसूस होगा।

माया ऐंजेलू

अद्‌भुत! मेरा मतलब है, आप दिल की सुन सकते हैं, दिल की। यह पहले तो व्यर्थ लग सकता है, लेकिन इसे आपकी ज़रूरत है। यह कहता है, "चलो, मैं तुम्हें दिखाता हूँ कि तुम्हें वास्तव में क्या करना चाहिए।"

अगर आपको नहीं पता कि क्या करना है, तो कुछ न करें। अपने समय को फ़िज़ूल चीज़ों से न भरें। बस कुछ न करें। चुपचाप बैठे रहें। कुछ भी न करें और तब आप शायद अपने दिल की आवाज़ सुन लेंगे।

मनन

बैठें और सुनें

कहीं शांति में बैठकर अपने शरीर और मन को समन्वय में आने दें, यानी उसी समय में उसी जगह पर रहने की अनुमति दें। अपने मन को शांत करने के लिए तीन गहरी साँसें लें और छोड़ें। अपना ध्यान अपने हृदय पर लाएँ, ताकि आप अपने हृदय की आवाज़ सुन सकें, जहाँ आपकी आत्मा वास करती है। जब आप ध्यान को हृदय पर लाते हैं, तो आप हृदय की बुद्धिमत्ता तक पहुँच हासिल करते हैं। आप इसकी उपलब्धता को बढ़ा लेते हैं। आपका हृदय अनुकूलनशील और लचीला बन जाता है।

साँस लेते और छोड़ते वक़्त अपना ध्यान साँस पर केंद्रित करें। अगर कोई विचार और चिंता आते हैं, तो अपने आप दूर चले जाने दें; आप अपना ध्यान दोबारा साँस पर ले आएँ। इस तरह आप अपने हृदय को वह जगह दे रहे हैं, जिसमें यह आपसे बात करे। केवल अंदर और बाहर जाती साँस पर ध्यान केंद्रित करें... साँस लें और छोड़ें...

जब आप शांत महसूस करें, तो हृदय पर ध्यान केंद्रित करें। हृदय की ऊर्जा से जुड़ने के लिए ख़ुद से ये सवाल पूछें : *मुझे किस बात से ख़ुशी मिलती है? मुझे क्या चीज़ करने से प्रेम है? कौन सी चीज़ मुझे ख़ुशी देती है? मेरे शौक क्या हैं? कौन सी चीज़ मुझे प्रेरित करती है और परिपूर्णता का एहसास कराती है?*

अब ख़ुद से पूछें कि वह क्या है, जो आपको अपने हृदय से जुड़ने से रोकता है : *मैं अपना समय क्या करने में बिता रहा हूँ, जिससे मैं ख़ुश नहीं होता हूँ, जो मुझे ख़ुशी पाने से रोकता है?*

अब अपने हृदय से पूछें, *मैं उसके परे जाने के लिए क्या कर सकता हूँ, जो मुझे आपके साथ जुड़ने से रोकता है? मैं कौन से छोटे या बड़े क़दम उठा सकता हूँ? मैं प्रेरित और परिपूर्ण कैसे महसूस कर सकता हूँ?* अपने हृदय का जवाब पाने के लिए खुद को खोलें, भले ही आप उसे सुनने से डर रहे हों। आपका हृदय आपको सच्चाई दिखा देगा और रास्ता खोजने में आपकी मदद करेगा। आपके हृदय के पास सारे जवाब हैं।

5. सामंजस्य : वर्तमान में जीना

वर्तमान पल हर पल मरकर अतीत बन जाता है,
भविष्य में हर पल के रूप में दोबारा पैदा होता है।
सारा अनुभव अभी है। वर्तमान कभी ख़त्म नहीं होता।
— दीपक चोपड़ा

आपका हृदय धड़कता है, *यह* सचमुच महत्त्वपूर्ण है। लेकिन यह भी महत्त्वपूर्ण है कि यह *कैसे* धड़कता है।

द इंस्टीट्यूट ऑफ़ हार्टमैथ हृदय और हमारे जीवन पर इसके प्रभावों पर शोध करने वाला एक अग्रणी शोध संस्थान है। इस संस्थान ने आपके हृदय की धड़कन और आपकी भावनात्मक अवस्था के बीच की कड़ी उजागर की है। आपका हृदय आपके आस-पास हो रही घटनाओं पर आपके मस्तिष्क से ज़्यादा तेज़ी से प्रतिक्रिया करता है, क्योंकि भावनाएँ विचारों की तुलना में ज़्यादा तेज़ और ज़्यादा शक्तिशाली होती हैं। आपका हृदय आपके मस्तिष्क की तुलना में आपकी भावनात्मक अवस्थाओं को भी ज़्यादा प्रकट करता है। दूसरे शब्दों में, जब आप डरे हुए, घबराए हुए या कुंठित होते हैं, तो आपकी हृदय की लय अस्थिर और अनियमित हो जाती है। लेकिन जब आप प्रेम का अनुभव करते हैं, सराहे गए महसूस करते हैं या किसी चीज़ के सृजन में व्यस्त होते हैं, तो आपके हृदय की लय बिलकुल ही अलग तरह की होती है। यह ज़्यादा शांत और हल्की होती है। वैज्ञानिक इसे "हृदय की

सामंजस्यता" कहते हैं। जब आपके हृदय की लय सामंजस्यपूर्ण होती है, तो आपका शरीर और मस्तिष्क संतुलन में होते हैं, वर्तमान में होते हैं। आप शारीरिक और मानसिक रूप से अपने सर्वश्रेष्ठ स्तर पर होते हैं, वर्तमान में होते हैं।

हर पल अनूठा, अज्ञात, पूरी तरह नया होता है।

— पेमा चडरन

हृदय के सामंजस्य का अनुभव करने के लिए आप पेज 47 पर दिए सरल आंतरिक-सहजता अभ्यास को करके अपने हृदय से जुड़ सकते हैं, जो इंस्टीट्यूट ऑफ़ हार्टमैथ ने तैयार किया है।

लय के सामंजस्यपूर्ण होने से हमारे शरीर के सारे अन्य तंत्र - मस्तिष्क और तंत्रिका तंत्र, प्रतिरक्षण और अंतःस्त्रावी तंत्र, पाचन और संचरण तंत्र - बेहतर काम करते हैं। जब डर या क्रोध जैसे नकारात्मक भावों के कारण हम हृदय-लय के सामंजस्य में नहीं होते हैं, तो इसके हमारे प्रतिरक्षण तंत्र पर बुरे प्रभाव होते हैं।

मार्सी शिमॉफ़

हृदय-लय सामंजस्य वास्तव में हमारे हृदय के काम करने की सर्वश्रेष्ठ अवस्था है। लेकिन आप अपने दिमाग़ से सोचकर सामंजस्य में नहीं पहुँच सकते - आप प्रेम के बारे में सोचकर अपने हृदय की लय को सामंजस्य में नहीं ला सकते। इसके लिए तो आपको दरअसल प्रेम को महसूस करना होता है, कृतज्ञता को महसूस करना होता है, परवाह को महसूस करना होता है, करुणा या सहानुभूति को महसूस करना होता है। और इससे आप सामंजस्य की इस सर्वश्रेष्ठ अवस्था में पहुँच जाएँगे।

जब आप अपने हृदय के साथ जुड़ते हैं, तो आप अपनी सकारात्मक भावनाओं को बढ़ा लेते हैं, जो आपकी वास्तविक शक्ति की बुनियाद हैं।

आंतरिक-राहत अभ्यास या प्रेम की प्रतिक्रिया

चरण 1 : अपनी आँखें बंद कर लें। अपना हाथ दिल पर रखें। यह छोटा सा कार्य ही ऑक्सिटोसिन नामक रसायन (जिसे "प्रेम का हॉर्मोन" भी कहा जाता है) आपके पूरे शरीर में प्रवाहित करने लगता है।

चरण 2 : कल्पना करें कि आप अपने दिल से साँस ले रहे हैं और छोड़ रहे हैं। जितनी गहरी साँस लें, उससे ज़्यादा गहरी साँस छोड़ें, मानो गुरुत्वाकर्षण आपकी साँस को ज़मीन की ओर खींच रहा हो। छह बार अंदर की तरफ़ गिनें और छह बार बाहर की तरफ़ गिनें, साँस लेने की अपेक्षा ज़्यादा गहराई से छोड़ें। ऐसा तब तक करते रहें, जब तक कि आपकी साँस शांत न हो जाए और स्वाभाविक महसूस न हो।

चरण 3 : दिल से साँस लेते रहें। अंदर आने वाली हर साँस के साथ कल्पना करें कि आप विश्राम, प्रेम और करुणा ग्रहण कर रहे हैं। सामान्य तरीक़े से साँस छोड़ें। हर अंदर आने वाली साँस के साथ विश्राम, प्रेम और करुणा अंदर लें। फिर साँस छोड़ें। तीसरी बार साँस अंदर लेने के साथ अपने दिल से विश्राम, प्रेम और करुणा अंदर खींचते हुए महसूस करें। बाहर साँस छोड़ते समय आप अपना हाथ नीचे ला सकते हैं और अपनी आँखें खोल सकते हैं।

ग़ौर करें कि इस वक़्त आपके शरीर में एक मिनट पहले की तुलना में कैसा महसूस होता है। संभवतः आप ज़्यादा हल्के, ज़्यादा तनावरहित, ज़्यादा आरामदेह महसूस कर रहे होंगे। शायद आपके हृदय या पूरे शरीर में एक गर्माहट भरी अनुभूति हो रही होगी।

जब भी मौक़ा मिले, यह अभ्यास कर लें। इसे ख़ास तौर पर तब आज़माएँ, जब आप बहुत ज़्यादा तनावग्रस्त महसूस न कर रहे हों (या जब आप बहुत अच्छा महसूस कर रहे हों।) इसका परिणाम यह होगा कि जब आप तनाव में होते हैं और आपको शांत होने की ज़रूरत होती है, तो आप इसका बेहतर तरीक़े से प्रयोग कर सकेंगे। पहली बार के बाद आप इसे आँखें खोलकर भी कर सकते हैं।

अगर अगले कुछ सप्ताह में आप यह अभ्यास एक दिन में तीन से पाँच बार कर लेते हैं, तो आपको इस आंतरिक–विश्राम या प्रेम प्रतिक्रिया की आदत पड़ जाएगी। यह आदत गहरी होती जाएगी और एक समय आएगा कि यह आपकी स्थायी अवस्था बन जाएगी। इसके बाद तो आपको बस अपना हाथ दिल पर रखना होगा और पूरी प्रक्रिया अपने आप शुरू हो जाएगी।

गैरी ज़ुकाव

आप अपने दिल से कैसे जुड़ें? यह वास्तविक शक्ति उत्पन्न करने की बुनियाद है। वास्तविक शक्ति के सृजन के लिए आपको अपने भीतर डर और प्रेम में फ़र्क़ करना सीखना है। इसके लिए आपको प्रेम को चुनना है, चाहे आपके भीतर या आपके बाहर कुछ भी हो रहा हो।

अपने हृदय के साथ जुड़ने और वर्तमान पल में रहने के बहुत से तरीक़े हैं। हृदय के साथ जुड़ने के उतने ही तरीक़े हैं, जितने कि इस संसार में लोग हैं

ईज़ाबेल आलिएंदे

मेरा जुड़ाव प्रकृति के ज़रिये है, अपने कुत्ते के ज़रिये है। मुझे कुत्ते के साथ खेलने में मज़ा आता है। फिर मुझे अपने दिल में विस्फोट होता महसूस होता है और मैं अपने हृदय की गर्मी महसूस करने लगती हूँ।

सब जानते हैं कि पशु और प्रकृति हमारे हृदय को खोल देते हैं, हमें शांत करते हैं और ब्लड प्रेशर तथा तनाव कम कर देते हैं।

जेन गुडऑल

दरअसल जब तक आप प्रकृति में बाहर नहीं जाते हैं, जब तक आप पेड़ों पर और नीले आसमान में पक्षियों की चहचहाहट को अनुभव नहीं करते हैं, तब तक आप उस महान आध्यात्मिक अस्तित्व से पृथक हैं, जो मेरे हिसाब से हमारे चारों ओर है। प्रकृति में रहना ही कुंजी है। इसके बाद ही आप एक पूर्ण इंसान बन सकते हैं, जिसके हृदय, मस्तिष्क और आत्मा आपस में जुड़े हुए तथा पूर्ण हों।

जेन गुडऑल *(दायीं ओर)*

कई राहें होती हैं, जो हमें दिल तक ले जा सकती हैं। बच्चे अपने दिल का अनुसरण करने में अच्छे होते हैं। उनका उत्साह और सहज बोध उन्हें मार्गदर्शन देता है, जब तक कि उनसे इन आवेगों पर क़ाबू रखने को नहीं कहा जाता। अगर आप अपने दिल के साथ जुड़ना चाहते हैं, तो अपने अंदर के बच्चे के साथ दोबारा जुड़ने से मदद मिल सकती है। इस बारे में सोचें कि जब आप छोटे थे, तब कौन सी चीज़ आपमें जान डाल देती थी और ख़ुशी से भर देती थी। ख़ुद को उसे दोबारा महसूस करने की अनुमति दें, चाहे यह कितनी ही छोटी चीज़ क्यों न हो - कोई रंग, कोई जगह, कोई खिलौना, कोई भोजन, कोई खेल, किसी मित्र या रिश्तेदार के घर की यात्रा। आपके हृदय का जुड़ाव वहीं पर है।

पाउलो कोएलो

अपने हृदय के साथ जुड़ने के लिए बच्चे बन जाएँ।

मैं तुम्हें यह सच्चाई बताता हूँ, जब तक तुम नहीं बदलोगे और छोटे बच्चों जैसे नहीं बनोगे, तुम कभी स्वर्ग के साम्राज्य में दाख़िल नहीं हो पाओगे।

— ईसा मसीह

अपने अंदर के बच्चे के साथ दोबारा जुड़ने का मतलब बचकाना व्यवहार करना नहीं है। यह तो इस बारे में है कि आप अपने वयस्क रूप का मार्गदर्शन अपने अंदर के बच्चे को करने दें, उस अंदरूनी आवाज़ को करने दें, जो हल्की आवाज़ में आपको सही दिशा की ओर संकेत करती है। हृदय आपके सच्चे मार्ग के विवरण को उजागर करता है। आप अपना रास्ता नहीं भटकेंगे, भले ही आप सामान्य मार्ग से दूर नज़र आते हों।

ईज़ाबेल आलिएंदे

जब मैं बच्चों के साथ खेलती हूँ, जब मैं अपने पति के साथ प्रेमक्रीड़ा

करती हूँ, जब मैं कोई अच्छी पुस्तक पढ़ती हूँ, जब मैं लिखती हूँ और जब मैं महसूस करती हूँ कि पात्र व्यक्ति बन जाता है और मुझसे बात करने लगता है, तो मेरा दिल भी "फड़कता हुआ" महसूस होता है। मैं सोचती हूँ कि हृदय के साथ जुड़ाव का अर्थ है : सृजनात्मकता, प्रकृति, प्रेम, प्रार्थना और मौन।

हालाँकि हृदय के साथ जुड़ने के लोगों के कई अलग-अलग तरीक़े होते हैं, लेकिन जुड़ाव की भावना एक सर्वव्यापी अनुभव है। यह देश की सीमाओं के पार जाकर पूरे संसार में आत्माओं को जोड़ती है। प्रेम आपको दूसरे लोगों के साथ जोड़ता है। आप जहाँ भी हों, आप तुरंत किसी माँ के अपनी संतान के प्रति प्रेम को पहचान लेंगे - उनके हृदय का जुड़ाव स्पष्ट होता है।

मैरियन विलियमसन

इस धरती के किसी भी महाद्वीप में देख लें। माँ अपने बच्चे को गोद में लेती है, उसकी देखभाल करती है और स्पष्ट रूप से अपने बच्चों से प्रेम करती है। आप संसार में कहीं भी जा रहे हों, तो आप प्रेमियों को देखते हैं, जो स्पष्ट रूप से महसूस करते हैं कि उन्हें कोई ख़ास चीज़ मिल गई है। और आप उससे संबंध जोड़ते हैं और आप इसे देखते हैं, यह हृदय का जीवन है।

हम मुश्किलों का सामना करके भी अपने हृदय से जुड़ते हैं। हमारी खुद की नश्वरता, मृत्यु की आशंका, हमें अपने दिल की आवाज़ सुनने के लिए प्रोत्साहित करती है। यह चिंताओं या डरों के बीच दिल की आंतरिक आवाज़ को बोलने की अनुमति देती है। स्टीव जॉब्स अपनी नश्वरता की जागरूकता के ज़रिये अपने हृदय से जुड़े, जिसने महत्त्वपूर्ण निर्णय लेने में उनकी मदद की। उनका तर्क था, "क्योंकि लगभग हर चीज़, सारी बाहरी अपेक्षाएँ, सारा घमंड, लज्जा या असफलता का सारा डर,

ये चीज़ें मौत के सामने दूर छिटक जाती हैं, और सिर्फ़ वही बचता है जो वाक़ई महत्त्वपूर्ण होता है।"

अपने दिल का अनुसरण न करने का कोई कारण नहीं है।
— स्टीव जॉब्स

एकहार्ट टॉल

हम दिल के साथ कैसे जुड़ सकते हैं? शुरुआती बिंदु है : आपके पास जो रहता है, वह यही पल है। इसलिए आप इस पल में ज़्यादा गहराई से देखें।

हृदय की शक्ति वर्तमान की शक्ति है, पल के बारे में जागरूक रहने की शक्ति है। इसी समय जीवन की नियामतों के बारे में जागरूक बनें। यदि आप अतीत में अटके रहते हैं, पुरानी निराशाओं या संबंधों के बोझ को ढोते रहते हैं, तो आप खुद को वर्तमान की दौलत से वंचित कर रहे हैं। अगर आप आने वाले कल के बारे में ज़रूरत से ज़्यादा चिंता करते हैं, तो आप आज अपने दिल की आवाज़ नहीं सुन सकते।

माइकल बेकविथ

हृदय की बुद्धिमत्ता का दोहन करने के लिए हमें सुनना होता है। धीमी आवाज़ों को। रैल्फ़ वॉल्डो एमर्सन ने कहा था, "स्थिर बनो, भीतर मुड़ो और जागरूक बनो कि जवाब संसार में बाहर कहीं नहीं हैं।" जवाब, सहज बोध का मार्गदर्शन, बुद्धिमत्ता, हमारे अंदर ही है।

जवाब आपके दिल में हैं। अपने जीवन को वर्तमान पलों की श्रृंखला के रूप में देखें। आप इस पल को जितना अंदर लेने और पूरी तरह आत्मसात करने में कामयाब होते हैं, आप अपने दिल की आवाज़ उतनी ही ज़्यादा अच्छी तरह सुन सकते हैं।

माइकल बेकविथ *(दायीं ओर)*

माया ऐंजेलू

मैं सोचती हूँ कि यह सब आप सुन सकते हैं। मैं जानती हूँ कि सुनने वाले कान होने पर इंसान पक्षियों की आवाज़ सुन सकता है, पेड़ों की पत्तियों की सरसराहट सुन सकता है, नदी के बहते पानी की आवाज़ सुन सकता है और समुद्र की लहरों की भी आवाज़ सुन सकता है। लेकिन सचमुच सुनने का मतलब केवल दिल से सुनना है। जानकारी से ज़्यादा सुनना ही दरअसल बुद्धिमत्ता है। तो आप इसे ही सुनते हैं। और इसलिए आप शांत हो जाते हैं, आपका शांत होना तय है।

जब भी कोई सुंदर पल आए, उस पर मनन करें। खुद को छोटी-छोटी और सामान्य चीज़ों की भी क़द्र करने की अनुमति दें। देखें कि वे दरअसल कितनी महत्त्वपूर्ण हैं : एक अच्छी बातचीत, एक प्रिय गीत, एक आरामदेह कुर्सी, बादलों के कंबल से झाँकती सूरज की एक किरण।

जब आप वर्तमान को गले लगाते हैं और इसके साथ एक हो जाते हैं और इसके साथ विलीन हो जाते हैं, तो आप परम आनंद की एक अग्नि, एक चमक, एक चिंगारी का अनुभव करते हैं। आप प्रसन्नचित्त, आनंदमय और स्वतंत्र हो जाएँगे।

— दीपक चोपड़ा

हर दिन को जिएँ! अपने बच्चे के साथ खेलें, संगीत सुनें, पार्क में घूमें, प्रेम क्रीड़ा करें, कविता पढ़ें। उस पर ध्यान केंद्रित करें, जो अच्छा है। यह आपको अपने दिल से जोड़े रखता है।

एकहार्ट टॉल

दिल की बात सुनने का मतलब है अपने भीतर के सबसे गहरे स्तर से जुड़े होना।

दिल नैसर्गिक रूप से शांत है, सुलझा हुआ और शक्तिशाली है, जो आपकी चेतना के सबसे गहरे स्तर के गुण हैं। आप अपने सार के साथ अपने संबंध के जितने ज़्यादा क़रीब होते हैं, आप उतने ही ज़्यादा प्रेमपूर्ण बनेंगे और राह में आने वाली हर चीज़ में उतना ही ज़्यादा आनंद पाएँगे।

गैरी ज़ुकाव

आप इसे जितना ज़्यादा करते हैं, आपके व्यक्तित्व के प्रेमपूर्ण हिस्से और उनके अनुभव आपकी चेतना के क्षेत्र को उतना ही ज़्यादा भरने लगते हैं, जिसका मतलब है कि आप उतने ही ज़्यादा प्रेमपूर्ण बनेंगे। तो यही वह तरीक़ा है, जिससे आप अपने हृदय को व्यक्त करना शुरू करते हैं।

जैसा फ़ादर मैथ्यू फ़ॉक्स कहते हैं, "अगर आप अपने जोश से कट जाते हैं, तो आपकी करुणा कहाँ से आएगी?" जब आप खुद को मुश्किल या दुखद परिस्थितियों में पाएँ, तब भी आप मार्गदर्शन के लिए अपने दिल पर भरोसा कर सकते हैं। जब आप अपने दिल की आवाज़ सुनने में बेहतर बन जाते हैं, तो यह आपको दूसरे लोगों के साथ जोड़ देगा और आपको विकल्प तथा समाधान बता देगा। अपने दिल को अनुमति दें कि यह आपकी आँखें किसी ऐसी चीज़ की ओर खोले, जिस पर संभवतः आपके मस्तिष्क ने विचार भी न किया हो। जो निर्णय आपके दिल से आता है, वह आपके लिए हमेशा सही होगा।

जो कुछ है, वह वर्तमान है।

— एकहार्ट टॉल

मनन

वर्तमान जागरूकता

जीवन से आपके मिलने का समय अभी है, वर्तमान पल में। साँस अंदर लेने और बाहर छोड़ने के लिए एक मिनट का समय लें। आप चेतन होकर कहीं भी साँस ले सकते हैं – अपनी कार में, रास्ते में या बस में, किसी लाइन में इंतज़ार करते समय या ब्लॉक के चारों ओर टहलते वक़्त। आंतरिक–विश्राम या प्रेम की प्रतिक्रिया का अभ्यास करें। अपनी आँखें बंद कर लें। अपना हाथ अपने दिल पर रख लें। कल्पना करें कि आप अपने दिल से अंदर और बाहर साँस ले और छोड़ रहे हैं। आप जितनी गहरी साँस लेते हैं, उससे ज़्यादा गहरी साँस बाहर छोड़ें। छह बार या तब तक अंदर–बाहर करें, जब तक कि आपकी साँस शांत और स्वाभाविक महसूस न हो। अब हर अंदर जाती साँस पर खुद को अपने हृदय के ज़रिये विश्राम, प्रेम और करुणा अंदर लेते हुए महसूस करें।

चेतन होकर साँस लेते रहें। आपकी साँस आपको वर्तमान में ख़ुद के बारे में जागरूक बनाती है, चाहे आप कहीं भी हों। अंदर–बाहर साँस लेने से जब आपका मन शांत हो जाता है, तो आप उसी समय अपने चारों ओर सुंदर चीज़ें देख सकते हैं। अपने जीवन को वर्तमान पलों की श्रृंखला के रूप में देखें। अतीत जा चुका है, भविष्य अब तक यहाँ नहीं आया है। वर्तमान में रहकर आप अपने दिल के संपर्क में रहते हैं। वह सुनें, जो यह चाहता है कि आप सुनें।

खंड 2

आंतरिक शक्तियाँ

वर्तमान पल में बेहतर भविष्य बनाने की शक्ति निहित है : आप एक अच्छा वर्तमान बनाकर ही एक अच्छे भविष्य का सृजन करते हैं।

— एकहार्ट टॉल

6. कृतज्ञता की शक्ति

वर्तमान पल के लिए कृतज्ञता से ही जीवन का आध्यात्मिक आयाम खुलता है।

— एकहार्ट टॉल

कृतज्ञता, अर्थात् अपनी नियामतें गिनने की क़ाबिलियत, हृदय के साथ जुड़ने का सर्वोत्तम तरीक़ा है।

नील डोनाल्ड वॉल्श

मैं सोचता हूँ कि हृदय कृतज्ञता है। मैं सोचता हूँ कि हृदय एक भावना है। यह सबसे गहरी भावनाओं का अभ्यारण्य है, जो मानव अनुभव के भीतर पाई जा सकती हैं। और मैं सोचता हूँ कि उन भावनाओं में कृतज्ञता की भावना भी है। शुक्रगुज़ार बनने, कृतज्ञ बनने और जीवन तथा इसके भीतर की हर चीज़ के साथ, यहाँ तक कि अपने साथ भी गहरे प्रेम में होने का अहसास।

आपके पास जो कुछ है, जब आप हर उस चीज़ के प्रति कृतज्ञ होते हैं, तो आपका हृदय खुला है। आप अपने जीवन में मौजूद लोगों की क़द्र करते हैं और वे भी ऐसा ही करते हैं। और कृतज्ञता से और भी ज़्यादा समृद्धि उत्पन्न होती है।

मार्सी शिमॉफ़

लोग अक्सर मुझसे पूछते हैं, "प्रेम तक पहुँचने का सबसे छोटा मार्ग क्या है?" और मेरे ख़्याल से जवाब एक ही है : "कृतज्ञता।" जो कुछ हमारे जीवन में हो रहा है, जब हम उस सबके लिए कृतज्ञ होते हैं, तो इसका मतलब है कि हमारा हृदय खुला हुआ है। यह एक तरीक़ा है, जिससे हम दरअसल उस अच्छाई को दर्ज करते हैं और उसका स्वाद लेते हैं, जो हमारे जीवन में हो रही है।

एक पुरानी कहावत है : "जिसकी भी आप क़द्र करते हैं, वह आपकी क़द्र करता है।" जब आप किसी चीज़ की क़द्र करते हैं, तो वह चीज़ आपके जीवन में ज़्यादा प्रवाहित होती है।

आप कृतज्ञता का अनुभव दो अलग-अलग स्तरों पर कर सकते हैं : कृतज्ञता का पहला स्तर रोज़मर्रा की चीज़ों या व्यवहार के बारे में है। इनमें आप किसी भी चीज़ के लिए कृतज्ञ हो सकते हैं, जैसे आपके सिर पर छत, आपके बच्चों के लिए भोजन या सड़क पर चलते राहगीर से मिली मुस्कान तक कोई भी चीज़। कृतज्ञता का दूसरा स्तर वह है, जब आप भारी क्षति के बावजूद अपने पास मौजूद चीज़ों की क़द्र करने की क़ाबिलियत रखते हों।

एकहार्ट टॉल

कृतज्ञ बनना हृदय के साथ जुड़ कर जीने का एक और अनिवार्य हिस्सा है; यह स्वाभाविक तौर पर आता है।

नील डोनाल्ड वॉल्श

कृतज्ञता एक ऐसा नज़रिया है, जिससे हर चीज़ बदल जाती है। इसलिए मैं लोगों को बताता हूँ कि अगर आप कृतज्ञता का सचमुच सशक्त इस्तेमाल करना चाहते हैं, तो इसका इस्तेमाल किसी ख़ास घटना के बाद ही नहीं, बल्कि पहले भी करें।

जो डिस्पेंज़ा

हम आम तौर पर उन चीज़ों के लिए धन्यवाद देते हैं, जो पहले ही हो चुकी हैं। तो एक तरह से हमें यह विश्वास करने के लिए सम्मोहित कर दिया गया है और आदी बना दिया गया है कि हमें ख़ुशी के लिए किसी कारण की ज़रूरत होती है, कि हमें कृतज्ञ होने के लिए किसी कारण की ज़रूरत होती है।

खुद को कृतज्ञ बनने की अनुमति दें। आपका जीवन बदलकर एक ज़्यादा बड़े, ज़्यादा सकारात्मक आयाम में पहुँच जाएगा।

मार्सी शिमॉफ़

जो लोग बिना किसी कारण के प्रेम की अवस्था का अनुभव कर रहे हैं, उन लोगों के ब्रेन स्कैन दिखाते हैं कि वहाँ दरअसल ज़्यादा मानसिक गतिविधि है, कि वे ज़्यादा बुद्धिमान हैं, कि वे ज़्यादा सृजनात्मक बन जाते हैं। जब आप ज़्यादा कृतज्ञता महसूस करते हैं या लोगों को क्षमा करते हैं, तो यह आपकी बुद्धिमत्ता को बढ़ा देता है।

आप हर उस चीज़ के प्रति आपकी जागरूकता को बढ़ा सकते हैं, जो कृतज्ञता के योग्य है। आप खुद को जीवन में सुंदर और प्रेमपूर्ण चीज़ों के प्रति ज़्यादा ग्रहणशील

बना सकते हैं। इसके लिए आपको बस एक कृतज्ञता वाली डायरी रखनी होगी। हर दिन कम से कम पाँच चीज़ें लिखकर शुरू करें, जिनके लिए आप कृतज्ञ हैं। जो लोग नियमित रूप से लिखते हैं कि वे किन चीज़ों के लिए कृतज्ञ हैं, वे दूसरों से ज़्यादा ख़ुश रहते हैं - और उनकी ख़ुशी स्थायी रहती है। कृतज्ञता डायरी रखना मनोचिकित्सा या अवसाद-रोधी दवाओं से भी अधिक कारगर उपाय है।

हॉवर्ड मार्टिन

यह बहुत, बहुत सरल है : हम जितनी ज़्यादा क़द्र करते हैं, उतना ही ज़्यादा हासिल करते हैं। क़द्र हृदय से जुड़ी भावना है। क़द्र करने या कृतज्ञता रखने के लिए हृदय की बुद्धिमत्ता तक पहुँच की ज़रूरत होती है, ख़ास तौर पर जब चीज़ें आपके मनचाहे तरीक़े से न हो रही हों। जब जीवन मुश्किल हो, उस दौर में क़द्र करने लायक़ किसी चीज़ को खोजना या किसी दूसरी चीज़ की सराहना करना मुश्किल हो सकता है, लेकिन अगर आप ऐसा कर लेते हैं, तो इससे ऊर्जा बहुत, बहुत जल्दी बदलने लगती है, जिससे आप प्रफुल्लता के एक दूसरे स्तर पर पहुँच जाते हैं, जो समस्या से ऊपर उठ जाता है। और ऐसा होने के बाद आप इसकी तह में देख सकते हैं। आप इससे निबटने के तरीक़े खोज सकते हैं।

कृतज्ञता के *दूसरे स्तर* में पहुँचने पर आप किसी प्रेम प्रसंग के टूटने, नौकरी के छूटने और किसी प्रिय व्यक्ति की मृत्यु जैसे किसी भारी दुख या त्रासदी आदि बड़ी निराशाओं के बावजूद धन्यवाद देते हैं। यह कृतज्ञता एक नए जीवन की राह बनाने में मदद करती है। आपके साथ जो सबसे बुरी चीज़ हुई है - बीमारी या विकलांगता या ज़बरदस्त नुक़सान - उसमें से भी अंततः नई समझ, नए संबंध और जुड़ाव उत्पन्न हो सकते हैं।

रूडिगर शाख़े

अगर आप ख़ुद को सराहना या कृतज्ञता द्वारा व्यक्त करते हैं, तो यह ईश्वर को प्रेम भेजने जैसा है, सृष्टि में प्रेम भेजने जैसा है। कृतज्ञता का अर्थ हृदय को खोलना है।

पाउलो कोएलो

मूल बात यह है कि जब आपका हृदय खुला होता है, तो प्रेम की यह ऊर्जा ही होती है, जो हर चीज़ को पूर्ण बना देती है।

माइकल बेकविथ

जब आप उस स्तर पर जीना शुरू करते हैं, तो सृष्टि उस पर प्रतिक्रिया करती है और फिर कृतज्ञ होने के लिए और ज़्यादा... और ज़्यादा... और ज़्यादा चीज़ें शून्य में से प्रकट होने लगती हैं।

प्रेम हर एक में होता है, हमेशा उस पल का इंतज़ार करता रहता है, जहाँ यह खुद को स्वतंत्र कर सके, जैसे तितली इल्ली में से निकलती है। आप जीवन और अपने आस-पास के लोगों की क़द्र करके अपने भीतर के प्रेम को स्वतंत्र करते हैं। आप जो प्रेम बाहर भेजते हैं, वह कई गुना होकर आपकी ओर लौटेगा और आपके जीवन को समृद्ध बनाने वाले लोगों, विचारों तथा घटनाओं को आकर्षित करेगा।

गहराई से सुनने के लिए संसार के साथ हमारी आंतरिक बहस को छोड़ने की ज़रूरत होती है। हमें अपनी मान्यताओं से ख़ुद को ख़ाली करना होता है।

— मार्क नीपो

मार्सी शिमॉफ़

यह दृष्टिकोण हमारे हृदय को प्रेम की अवस्था में खुला रखने में मदद करता है। और कृतज्ञता की अवस्था में जीने से, इस विश्वास में जीने से कि यह एक मित्रतापूर्ण सृष्टि है, हर चीज़ बदल जाती है। हम डरे हुए और समस्याग्रस्त होने की भावना से स्वतंत्र महसूस करने तथा जीवन को प्रेम की नज़रों से, दिल की नज़रों से देखने की ओर बढ़ते हैं।

मनन

तीन वरदान

जो कुछ ग़लत होता है, आम तौर पर हम उसके बारे में ज़रूरत से बहुत ज़्यादा सोचते हैं। हम उस बारे में पर्याप्त नहीं सोचते हैं, जो सही होता है। ज़्यादा स्वस्थ और ख़ुश बनने के लिए हम इस बारे में ज़्यादा सोच सकते हैं कि क्या अच्छा हुआ है। हम उसके बारे में कृतज्ञता का अनुभव कर सकते हैं। सकारात्मक मनोवैज्ञानिक मार्टिन सेलिगमैन ने यह अभ्यास तैयार किया था, जो हर आज़माने वाले की ख़ुशी और सुख को बढ़ाता है।

जो अच्छा हुआ, या तीन वरदान

एक सप्ताह तक हर रात सोने जाने से पहले दस मिनट निकालकर तीन चीज़ें लिखें, जो आपके लिए अच्छी साबित हुईं। किसी जर्नल में या अपने कंप्यूटर पर या अपने मोबाइल के नोट्स ऐप्लिकेशन में इसका पूरा रिकॉर्ड रखें। जो तीन चीज़ें अच्छी हुई थीं, वे छोटी या बड़ी हो सकती हैं, महत्त्वहीन या महत्त्वपूर्ण हो सकती हैं। ("ट्रेन समय पर आई।" "मेरे पति ने सड़क से बर्फ़ साफ़ कर दी।" "मेरी भतीजी का ऑपरेशन सफल रहा।" "बॉस ने हमारे डिपार्टमेंट को बोनस दिया।")

जो भी चीज़ें अच्छी रहीं, उनमें से प्रत्येक के सामने, इस सवाल का जवाब दें, "यह अच्छी तरह क्यों हुआ?" ("ट्रेन के दलों ने बुरे मौसम का पूर्वानुमान लगा लिया था।" "मेरे पति विचारशील हैं।" "मेरी भतीजी को सही डॉक्टर मिल गया था और उसने अपने ऑपरेशन के लिए तैयारी की थी।" "हमारा विभाग कड़ी मेहनत करता है और मिलकर अच्छी तरह काम करता है।")

यह सूची कम से कम एक सप्ताह तक बनाएँ। नतीजा यह होगा कि आप अपने जीवन के सभी वरदानों के प्रति बेहतर, ज़्यादा ख़ुश और ज़्यादा कृतज्ञ महसूस करेंगे। आप अपने हृदय और वर्तमान में अपने जीवन से ज़्यादा जुड़ाव महसूस करेंगे। आप कृतज्ञता और वरदान गिनने का जितना ज़्यादा अभ्यास करते हैं, आपकी ख़ुशी उतने ही लंबे समय तक क़ायम रहेगी और आपको उतने ही ज़्यादा वरदान मिलेंगे।

7. दिलवाला व्यक्ति बनना

जब आप अपने हृदय को स्पर्श करना शुरू करते हैं या अपने हृदय को औरों द्वारा स्पर्श किए जाने देते हैं, तो आप यह खोजना शुरू करते हैं, कि वह तो अथाह... विशाल, विराट और असीमित है।

— पेमा चडरन

चूँकि एकहार्ट टॉल के शब्दों से प्रेरणा पाकर मैंने हृदय की शक्तियों को टटोलने के अपने मार्ग पर चलना शुरू किया था, इसलिए मैं उनसे मिलने और बात करने के लिए विशेष रूप से उत्सुक था। जब टॉल केम्ब्रिज युनिवर्सिटी में युवा रिसर्च असिस्टेंट थे, तब उन्हें जो जागृत करने वाला अनुभव हुआ था, मैं उसके बारे में भी सुनना चाहता था। वैंकुवर, कैनेडा के क़रीब अपने घर पर टॉल ने मुझे बताया कि बीस साल की उम्र के बाद वे बरसों तक असहनीय तनाव और आत्महत्या के विचारों से जूझते रहे। संसार उन्हें भावहीन और शत्रुतापूर्ण महसूस हुआ। वे इस बिंदु तक पहुँच गए, जहाँ वे संसार को जल्द से जल्द छोड़ना चाहते थे। एक रात दर्द, तनाव और दहशत उन पर कहीं ज़्यादा हावी थे और टॉल सोचते रहे कि अब वे अपने साथ रह ही नहीं सकते।

अचानक उनके मन में एक भिन्न विचार आया : "अगर मैं अपने साथ नहीं रह सकता, तो इसका मतलब है कि मेरे दो स्व हैं : 'मैं' और वह 'स्व' जिसके साथ मैं नहीं रह सकता।" और उन्हें अहसास हुआ कि शायद उनका एक ही स्व वास्तविक था।

इस साक्षात्कार ने टॉल को इतना अभिभूत कर दिया कि उस पल वे और कुछ सोचने में असमर्थ थे। हालाँकि वे चेतन थे, लेकिन उनका मस्तिष्क एक भी विचार नहीं बना पाया। जीवन में पहली बार उनका मन पूरी तरह से शिथिल था। वे राहत की साँस लेना चाहते थे, लेकिन वे ऐसा कर पाएँ, इससे पहले उन्हें अचानक ऊर्जा का तूफ़ान महसूस हुआ और उनका शरीर अनियंत्रित होकर काँपने लगा। हो सकता है कि वे ख़ुद को गँवा दें, इस बात से डरकर टॉल हताशा से उससे चिपके रहे, जो वे ख़ुद को मानते थे : उल्रिच लियोनार्ड टॉल, एक रिसर्च असिस्टेंट, एक जर्मन, एक आदमी, एक व्यक्ति, एक... लेकिन वे बस इतना ही कर पाए कि उस ऊर्जा के गुबार के सामने झुक जाएँ। जब उन्होंने ऐसा किया, तो उनके सीने के भीतर की एक आवाज़ ने उनसे प्रतिरोध न करने को कहा - और अचानक उनका सारा डर ग़ायब हो गया।

टॉल को याद नहीं है कि इसके बाद क्या हुआ, लेकिन जब अगली सुबह उन्हें होश आया, तो वे अलग महसूस कर रहे थे। शांति। और उनके आस-पास का संसार भी बदला-बदला लग रहा था। अब यह शत्रुतापूर्ण नहीं, बल्कि सुंदर लग रहा था। टॉल अपने चारों ओर की सारी सुंदरता पर बहुत हैरान होते हुए शहर में टहले। उन्हें महसूस हुआ, मानो किसी अहम तरीक़े से उनका पुनर्जन्म हुआ था।

बाद में जाकर ही वे समझ पाए कि उनके साथ क्या हुआ था। उस रात उनके कष्ट का गहन दबाव इतना बढ़ गया था कि उनकी चेतना को उनके दुखद और डरावने "स्व" से मुक्ति पाने के लिए विवश होना पड़ा था। टॉल ने कहा, यह वैसा ही था, मानो उनका अतीत अचानक मिटा दिया गया था और उनका भविष्य महत्त्वहीन हो गया था। एकमात्र चीज़ जो मायने रखती थी, वह था वर्तमान। और उस शक्तिशाली वर्तमान में, हर चीज़ अच्छी थी।

एकहार्ट टॉल *(दायीं ओर)*

आप जहाँ भी हो, वहाँ पूरी तरह रहें। अगर आप अपने वर्तमान को असहनीय पाते हैं और इससे दुखी हो जाते हैं, तो आपके पास तीन विकल्प हैं : ख़ुद को उस स्थिति से हटा लें, स्थिति को बदल दें, या उसे पूरी तरह स्वीकार कर लें। अगर आप अपने जीवन की ज़िम्मेदारी लेना चाहते हैं, तो आपको इन तीन विकल्पों में से एक को चुनना चाहिए और अभी चुनना चाहिए। फिर आपको परिणामों को स्वीकार करना चाहिए।

— एकहार्ट टॉल, *द पावर ऑफ़ नाओ*

चेतना की इस नई अवस्था में टॉल को अहसास हुआ कि उन्हें बस अपने असल स्वरूप में रहने की ज़रूरत थी। उनका सच्चा उद्देश्य वर्तमान में रहना था। टॉल के अनुसार हम सभी चेतना की इस अवस्था में, अर्थात् वर्तमान में जीने की अवस्था तक पहुँच सकते हैं। यह शरीर और आत्मा को एक साथ एक चेतना में लाने की अवस्था है, जब हम अपने विचारों के शोरगुल को बंद कर देते हैं। तब हम अपने हृदय के साथ जुड़ने में सक्षम होते हैं, जो हमारे सच्चे, अनिवार्य स्व का वाहक है। अपनी जागरूकता अपने हृदय पर केंद्रित करके, अपने हृदय की आवाज़ सुनकर, आपको यह समझ प्राप्त होती है कि आप दरअसल कौन हैं।

आप अपने नाम, राष्ट्रीयता, पेशे या किसी दूसरी पहचान से अधिक हैं। भले ही आप एक नया नाम रख लें या अपनी राष्ट्रीयता या पेशा बदल लें, आप तो आप ही बने रहेंगे। आप अपने व्यक्तित्व से भी अधिक हैं, चाहे आप दयालु हों या प्रतिस्पर्धी, आशावादी या भाग्यवादी। आप अपने शरीर से भी अधिक हैं। यदि आपको गंभीर चोट लगे, तो आप कई मायनों में बदल सकते हैं, लेकिन आप मूलतः वही इंसान रहेंगे।

डीन श्रॉक

अगर मैं एक नया पहचान का संकेत बना सकूँ, तो मैं इसे दरअसल भूली हुई पहचान कहूँगा। मैं सोचता हूँ कि हम सचमुच भूल गए हैं कि हम वास्तव में कौन हैं, हमारी शक्ति क्या है और हमारा वास्तविक सार क्या है।

आपकी सच्ची पहचान आपका हृदय है, आपकी आत्मा का केंद्र, आपकी सबसे वास्तविक, सबसे सच्ची और सबसे गहरी बुनियाद। आपका हृदय और आत्मा आपका सार हैं। आपका व्यक्तित्व आपकी पाँच इंद्रियों के संसार में काम करता है, लेकिन इन इंद्रियों से आप अपनी आत्मा की अनुभूति नहीं कर सकते। आपकी आत्मा लेबल या ठप्पों के संसार से परे है।

आपकी अपने बारे में या दूसरे लोगों की आपके बारे में जो छवि है,
उसके अनुरूप जीना वास्तविक जीना नहीं है।
— एकहार्ट टॉल, *अ न्यू अर्थ*

फिर भी, संसार में जीने के लिए हम अपने व्यवहार को बदलते हैं, ताकि यह सभी प्रकार की स्थितियों में उचित लगे, ऑफ़िस में, स्कूल में, जिम में। जब हम ऐसा करते हैं, तो हम अपनी एक तस्वीर प्रक्षेपित कर सकते हैं, एक ऐसी तस्वीर जो हमारे सच्चे स्वरूप के विरोध में होती है। यह व्यक्तित्व हमें उससे भयभीत बना सकता है, जो हम सचमुच हैं, इसलिए कई बार हम अपने सच्चे स्वरूप से इंकार कर देते हैं और मुखौटे के पीछे छिप जाते हैं।

दीपक चोपड़ा

हर बच्चे ने लुका-छिपी खेली है। और आप जानते हैं जब आप लुका-छिपी खेलते हैं, तो आपका एक हिस्सा होता है, जो नहीं चाहता कि कोई आपको खोज ले, लेकिन आपका एक दूसरा हिस्सा भी होता है, जो चाहता है कि कोई आपको खोज ले। इसलिए हम ख़ुद को खोते हैं और अंततः ख़ुद को पाते हैं। यह जीवन का खेल है।

एक मायने में आप जीवन भर लुका-छिपी खेलते हैं। एक तरफ़ तो आप आशा करते हैं कि आपको खोजा न जाए, क्योंकि आप उस व्यक्तित्व के साथ आरामदेह हैं, जो आपने ओढ़ रखा है। दूसरी ओर, आप खोजे जाना चाहते हैं, क्योंकि गहराई में आपका व्यक्तित्व आपके सच्चे स्वरूप के ख़िलाफ़ रहता है। इस विसंगति को सुलझाने के लिए अपने व्यक्तित्व को अपनी आत्मा के साथ एकरूप कर लें।

मैरियन विलियमसन

शरीर की पहचान से आत्मा की पहचान तक का बदलाव, यही जागृति का अर्थ है। और इसका मतलब है, "मस्तिष्क की अनुभूतियों से हृदय के ज्ञान की ओर जाना।"

अपने ध्यान को अपने मस्तिष्क से अपने हृदय की ओर ले आएँ। इससे आप अपने सच्चे स्व के साथ जुड़ जाते हैं और वह बनने का साहस विकसित करते हैं, जो आप सचमुच हैं।

मार्सी शिमॉफ़

जब हम जीवन को प्रेम और हृदय की आँखों से देखते हैं, तो हर चीज़ बदल जाती है। हो सकता है कि बाहरी संसार बदले, हो सकता है कि बाहरी संसार न बदले या हमारी पसंद का नज़र न आए, लेकिन जब हम इसकी अनुभूति को बदल लेते हैं, जब हम अपने विचार प्रेम की भावनाओं की ओर ले जाते हैं, तो हमारे आस-पास के संसार में हर चीज़ अलग नज़र आती है।

जब हम केवल अपने विचारों के ज़रिये, अपने मस्तिष्क के ज़रिये ही संसार को देखते हैं, तो यह मुश्किल या शत्रुतापूर्ण नज़र आ सकता है। हमारे दिमाग़ में हर दिन 60,000 विचार आते हैं और उनमें से 80 प्रतिशत नकारात्मक होते हैं, लेकिन जब हम अपना ध्यान हृदय पर लाते हैं और हृदय से जीने लगते हैं, तो जीवन अलग दिखता है। संसार अलग दिखता है।

मार्सी शिमॉफ़

सृष्टि नकारात्मक के बजाय मित्रतापूर्ण बन जाती है। आइंस्टाइन ने कहा था कि कोई व्यक्ति खुद से सबसे महत्त्वपूर्ण प्रश्न यह पूछ

सकता है, "क्या यह एक मित्रतापूर्ण सृष्टि है?" और सबसे खुश लोगों का जवाब होता है, "हाँ, यह एक मित्रतापूर्ण सृष्टि है।" इसका यह मतलब नहीं है कि हर चीज़ हमेशा उनके मनचाहे तरीक़े से हो रही है। इसका मतलब तो यह है कि आप यह यक़ीन करते हैं कि यह एक ऐसी सृष्टि है, जो आपके पक्ष में है।

कोई भी चीज़ अच्छी या बुरी नहीं होती, बल्कि हमारी सोच ही उसे ऐसा बना देती है।
— विलियम शेक्सपियर, *हैमलेट*

अपने हृदय को खुला रखने से आप अपने सार से जुड़े रहते हैं। आपका सच्चा स्व दरअसल एक सर्वव्यापी स्व है, आपकी सच्ची पहचान है, किसी ज़्यादा बड़ी चीज़ का हिस्सा है, जिसे हम "संसार की आत्मा" कह सकते हैं। आप आत्मा पहले हैं, शरीर बाद में हैं। आपका शरीर केवल एक लिफ़ाफ़ा है, जो आपको भौतिक संसार में काम करने में सक्षम बनाता है, जबकि आपकी आत्मा उस भौतिक संसार की इंद्रियगत अनुभूतियों, आयामों और दूसरे तत्वों के पार जाती है।

जब हम अपने वास्तविक स्वरूप में रहते हैं, तभी हमें उस तक़दीर की ओर ले जाया जाता है, जो हमारी कल्पना से भी परे होती है। मैं अपने भीतर जिस अस्तित्व को पोषित करता हूँ, यह वही अस्तित्व है, जो ब्रह्मांड के हर अणु में व्याप्त है।
— दीपक चोपड़ा, *अनकंडीशनल लाइफ़*

अपने हृदय और आत्मा के साथ लयबद्ध होना आपको सृष्टि से जोड़ता है।

इंसान में शरीर, मस्तिष्क और आत्मा होती है। इनमें से आत्मा बुनियादी है, क्योंकि यह हमें हर चीज़ के स्त्रोत तथा चेतना के शाश्वत क्षेत्र से जोड़ती है।
— दीपक चोपड़ा, *द सेवन स्पिरिच्युअल लॉज़ फ़ॉर पेरेंट्स*

एकहार्ट टॉल

आप ईश्वर की ओर हाथ उठाकर नहीं पहुँचते हैं, जैसा हज़ारों सालों से ज़्यादातर इंसान ईश्वर के बारे में कहते रहे हैं। उनकी आँखें ऊपर उठ जाती थीं और आप ईश्वर को ऊपर कहीं देखने की उम्मीद करते थे, लेकिन वहाँ किसी को भी कभी ईश्वर नहीं मिला। एक रूसी अंतरिक्ष यात्री ने अंतरिक्ष से लौटने के बाद कहा था, "मुझे वहाँ ऊपर कोई ईश्वर नहीं दिखा।" और ज़ाहिर है, उसे नहीं दिखा होगा, क्योंकि ईश्वर वह दैवी आयाम है, जो आपका वास्तविक सार है, और यह है हृदय। सृष्टि का हृदय, उसका हृदय जो आप हैं।

आपके सच्चे स्व और किसी दूसरे के सच्चे स्व में कोई अंतर नहीं है। हम सभी जुड़े हुए हैं। जैसा टॉल *द पावर ऑफ़ नाओ* में कहते हैं, "आप इसे बस इसलिए महसूस नहीं कर सकते, क्योंकि आपका मस्तिष्क बहुत ज़्यादा शोर मचा रहा है।"

नील डोनाल्ड वॉल्श

मेरी जागरूकता में, मेरी गहरी समझ में, हम सभी दैवी तत्व की अभिव्यक्तियाँ हैं। यानी, हममें से प्रत्येक ईश्वर का अंश है। और मैं सोचता हूँ कि इसका अनुभव तब होता है, जब हमारे दिल पूरे खुल जाते हैं। और तब हम अपनी सच्ची पहचान देखते हैं, तब हम उसके सबसे गहरे हिस्से को देखते हैं, जो हम हैं।

जिस पल से आप अस्तित्व में आते हैं, तभी से आप अपनी आत्मा होते हैं। आपकी आत्मा सारे अत्यंत महत्त्वपूर्ण कार्य कराती है। और चूँकि आपकी आत्मा अभौतिक है, इसलिए यह मर नहीं सकती। आपका व्यक्तित्व मर जाएगा, लेकिन आपकी आत्मा जीवित रहेगी।

डॉ. कैथी मैगलियाटो एक हृदय शल्य-चिकित्सक हैं, जिन्होंने हृदय के कई अर्थों के बारे में लिखा है। वे अक्सर रोगियों के दिल की अंतिम धड़कनों की साक्षी रही हैं, जब वे जीवन और मृत्यु के बीच झूलते रहते हैं। वे कहती हैं, "जब उनका हृदय रुक जाता है, तो कोई बहुत निश्चित, बहुत स्पष्ट चीज़ उनके शरीर को छोड़कर चली जाती है।" और उनका मानना है कि यह उनकी आत्मा होती है। वे यह भी मानती हैं "कि आत्मा हृदय में वास करती है," क्योंकि जब हृदय रुक जाता है, तो आत्मा चली जाती है।

आत्मा सभी को व्यक्तिगत रूप से दी जाती है।
— ऐल्बर्ट आइंस्टाइन, "साइंस ऐंड रिलीजन"

आपकी आत्मा, आपका सर्वव्यापी स्वरूप, एक सांसारिक व्यक्तित्व को अपना लेता है। आपके व्यक्तित्व में आपके और दूसरे लोगों के बीच भिन्नताओं पर ज़ोर देने की प्रवृत्ति होती है, लेकिन जब आप पहचान जाते हैं कि आप एक आध्यात्मिक प्राणी हैं, जिसे मानवीय अनुभव हो रहा है, कि हम सभी आध्यात्मिक जीव हैं, तो आप जुड़ाव देख लेते हैं और आपको यह अहसास हो जाता है कि आप सबसे पहले और सबसे बढ़कर एक आत्मा हैं।

गैरी ज़ुकाव

महत्त्वहीन और अशक्त बनने के बजाय आप किसी चीज़ की झलक देखने लगते हैं; कोई ऐसी चीज़ जो पहले-पहल तो डरावनी हो सकती है - कि आप एक करुण, प्रेमपूर्ण, शक्तिशाली और सृजनात्मक आत्मा हैं।

आप हृदय से जीने के लिए यहाँ आए हैं।

मनन

पृथ्वी पर आत्मा का अहसास

खुले दिल से आप संसार को सुंदर विस्तार में देखते हैं – मित्रतापूर्ण, विशाल, जीवंत। हर विवरण की अपनी जगह और अर्थ होता है, जैसा भौतिकशास्त्री और चेतना के शिक्षक जेरेमी हेवर्ड *सेक्रेड वर्ल्ड : द शम्भाला वे टु जेंटलनेस, ब्रेवरी एंड पावर* में लिखते हैं, जिसमें उन्होंने यह मनन भी बताया है।

अपने हृदय की अनुभूतियों को ऊँचा करने के लिए किसी सुंदर चीज़ को देखें या उसके बारे में सोचें, जैसे कोई फूल। पूरे फूल, उसके रंग और आकार पर ग़ौर करें। ज़्यादा ध्यान से देखें और ज़्यादा छोटे विवरण देखें, पंखुड़ियों और पत्तियों की धारियाँ देखें, केंद्र की नाजुक संरचना को देखें। उन विवरणों के फैलाव में दाख़िल हों, अंदर की तथा चारों ओर की व्यापकता को महसूस करें। अंदर के फैलाव से जुड़ें और फूल के चारों ओर देखें।

अब अपने आस–पास की जगह से जुड़ें। फ़र्श या बिस्तर पर लेट जाएँ और अपने शरीर को गर्भ मुद्रा में लाते हुए गेंद जैसा बना लें। अपने घुटने सीने तक खींचें, उन पर अपने हाथ बाँध लें। ध्यान रहे, आपका सिर घुटनों के ऊपर रहे। अपनी आँखें कसकर बंद कर लें और अपने चारों ओर के काले स्थान को महसूस करें। पैरों से शुरू करते हुए ऊपर आते जाएँ और सिर तक की सभी मांसपेशियों को तान लें। इस तनाव को कुछ समय तक रोके रखें। आँखें बंद करते हुए धीरे–धीरे पैर के अँगूठे से सिर तक हर मांसपेशी को तनावरहित

करें। विश्वास करें कि संसार अच्छा है। अपनी आँखें बंद कर लें और ख़ुद को गेंद के आकार से बाहर निकलने दें और धीरे–धीरे खोलने दें, जब तक कि आप फ़र्श पर बैठने की मुद्रा में न आ जाएँ।

अब अपनी आँखें खोलें। साँस बाहर छोड़ें। हवा को अपनी त्वचा पर और अपने आस–पास के स्थान में महसूस करें। अपने आस–पास एक समय में एक चीज़ देखें। ग़ौर से देखें और केवल प्रत्येक वस्तु को ही नहीं, बल्कि उसके आस–पास के स्थान और प्रकाश पर भी ग़ौर करें। अपने आस–पास की प्रत्येक वस्तु को देखने में समय लगाएँ और आपको जो भी दिखता है, उसकी अच्छाई महसूस करें।

8. वास्तविक शक्ति उत्पन्न करना

दयालु बनें, क्योंकि आप जिससे भी मिलते हैं,
वह एक बड़ा युद्ध लड़ रहा है।
— फ़ाइलो ऑफ़ अलेक्ज़ैन्ड्रिया

चेतना गुरु थिक न्यत हान ने बुद्ध के बारे में एक कहानी बताई है। उनके बुद्धत्व प्राप्त करने के एक रात पहले एक सेना ने उन पर हमला किया और उन पर हज़ारों तीर बरसाए। लेकिन बुद्ध के क़रीब पहुँचते ही वे तीर फूल बन गए और हानिरहित तरीक़े से उनके पैरों पर गिर गए। समझ और करुणा नकारात्मक भावों को हानिरहित भावों में बदलने में तथा जागरूकता में हमारी मदद करती है। यही वास्तविक शक्ति है।

आपको अपने भीतर वह स्थान खोजना चाहिए, जहाँ कुछ भी असंभव नहीं है।
— दीपक चोपड़ा, *द थर्ड जीसस*

अपने हृदय और आत्मा का चित्र इस तरह बनाएँ, मानो वे एक बड़े जहाज़ी बेड़े के मुख्य जहाज़ हों। आपका व्यक्तित्व इस मुख्य जहाज़ के साथ चलने वाले कई जहाज़ों में से एक है, लेकिन अंततः केवल मुख्य जहाज़ ही जानता है कि पूरा बेड़ा किस दिशा में जा रहा है और यह उस दिशा में बना रह सकता है। जब आप अपने

हृदय का अनुसरण करते हैं, अपने व्यक्तित्व को अपनी आत्मा के साथ लयबद्ध कर लेते हैं, तो आप वास्तविक शक्ति का इस्तेमाल करते हैं। आप ख़ुद को सही रास्ते पर महसूस करते हैं। आप ख़ुशी, अर्थ और उद्देश्य महसूस करते हैं। आप अपनी ऊर्जा, विचारों, और आंतरिक मार्गदर्शन के बारे में जागरूक बनते हैं। जब आप सही रास्ते से दूर हो जाते हैं, तो आप नाख़ुश महसूस करते हैं।

गैरी ज़ुकाव

आपके जीवन में दर्द आपकी वर्तमान आत्म-अनुभूति और शक्तिशाली व करुण, सृजनात्मक और प्रेमपूर्ण आत्मा रूपी आपकी वास्तविकता के बीच की दूरी का पैमाना है। उस दूरी को शून्य तक लाना ही आध्यात्मिक मार्ग है। वास्तविक शक्ति का सृजन करना अब हममें से प्रत्येक के लिए विकासवादी आवश्यकता है।

जहाँ प्रेम का शासन होता है, वहाँ शक्ति की कोई इच्छा नहीं होती; और जहाँ शक्ति का वर्चस्व होता है, वहाँ प्रेम की कमी होती है। ये एक दूसरे की छाया हैं।

— कार्ल युंग

वास्तविक शक्ति के चार बुनियादी गुण ये हैं :

- *प्रेम* : इस तरह के प्रेम में करुणा, दूसरों की परवाह शामिल होती है। इस प्रेम की वजह से आप हर भूखी माँ और हर भूखे बच्चे में अपनी ख़ुद की माँ और अपने ख़ुद के बच्चे की छवि देखते हैं।
- *विनम्रता* : इस तरह की विनम्रता यह पहचानती है कि दूसरों का जीवन भी आपके जीवन जितना ही मुश्किल है, कि हर व्यक्ति जीवन में किसी दर्द, क्षति और मुश्किल से गुज़रता है। विनम्रता आपको यह याद रखने की अनुमति देती है कि हर व्यक्ति के पास एक सुंदर आत्मा है और हर व्यक्ति संघर्ष करता है।
- *क्षमा* : आपको चोट पहुँचाने या आपके साथ कुछ ग़लत करने के लिए किसी को क्षमा करना किसी भारी बोझ को नीचे रखने जैसा है। जिस व्यक्ति को आप

क्षमा करते हैं, हो सकता है कि उसे इस बात का पता ही न चले, क्योंकि आप इसे सबसे पहले और सबसे बढ़कर ख़ुद अपने लिए करते हैं। जब तक आप क्षमा नहीं करते हैं, तब तक आप मानो काले चश्मे से संसार को देखते रहेंगे, जो हर चीज़ को स्याह और शत्रुतापूर्ण बना देता है। क्षमा करना उस चश्मे को उतारकर यह यह देखने जैसा है कि संसार प्रेम और प्रकाश से भरा हुआ है।

- *स्पष्टता* : स्पष्टता अपने जीवन को किसी विराट चीज़ के एक अंश के रूप में देखना है। आपको अहसास होता है कि आप शिकार नहीं हैं, बल्कि आप इस पृथ्वी पर अपने तमाम सकारात्मक और नकारात्मक अनुभवों से सीखने के लिए आए हैं। आपको अहसास होता है कि आप एक अमर आत्मा हैं और अपने वर्तमान शरीर तथा व्यक्तित्व से अनंत रूप से अधिक हैं।

रोज़मर्रा के जीवन में अक्सर व्यक्तित्वों के बीच एक तरह की प्रतिस्पर्धा होती है - प्रेमी, जीवनसाथी, अभिभावक, भाई-बहन, कंपनियाँ, सामाजिक वर्ग और देश। सभी एक दूसरे पर नियंत्रण करने की कोशिश करते हैं। बाहरी शक्ति नामक यह नियंत्रण हमारी इंद्रियों पर आधारित होता है - जो हम बाहरी जगत में देख, सुन, सूँघ सकते हैं, छू सकते हैं या स्वाद ले सकते हैं। वास्तविक शक्ति के विपरीत यह प्रतिस्पर्धी होता है और यह दूसरों से बेहतर स्थिति में रहना चाहता है।

दूसरों पर शक्ति का प्रयोग दरअसल कमज़ोरी है, जिसे ताक़त का रूप बताकर छुपाया जाता है।

— एकहार्ट टॉल, *द पावर ऑफ़ नाओ*

गैरी ज़ुकाव

बाहरी शक्ति दरअसल शक्ति को समझने का पुराना तरीक़ा है। यह बात सही है कि यह हमें जीवित रहने में सक्षम बनाती है। पहले यह माना जाता था कि बाहरी शक्ति यानी प्रतिस्पर्धा एक प्रजाति के रूप में हमारे विकास में भी मदद करती है। लेकिन अब ऐसा नहीं है। यह हमारे विकास के लिए हानिकारक है। यह

विषैली है और इसे हटाया जा रहा है। सुधार : इसे शक्ति की एक अन्य समझ से बदला जा चुका है।

आप किसी दूसरे से जो भी चीज़ हासिल करते हैं, वह बाहरी शक्ति की अभिव्यक्ति है, जो इस सिद्धांत पर काम करती है कि "एक व्यक्ति की साँस दूसरे व्यक्ति की मृत्यु है।" आपको जिन चीज़ों के खोने का डर है, जैसे आपका मकान, कार, सुंदरता और तेज़ दिमाग़, वे सभी बाहरी शक्ति के उदाहरण हैं। इन क्षणभंगुर चीज़ों पर निर्भर रहने से आप कमज़ोर बनते हैं।

लिंडा फ़्रांसिस

बाहरी शक्ति आती है और चली जाती है। आप इसे हासिल कर सकते हैं; आप इसे खो सकते हैं। आप इसे विरासत में पा सकते हैं; यह चोरी भी हो सकती है।

बाहरी शक्ति से वास्तविक शक्ति तक बढ़ने के लिए अपने दिल की आवाज़ सुनें, जो आपकी आत्मा का वास है। अपने व्यक्तित्व को अपने बुनियादी प्रेमपूर्ण गुणों के साथ लयबद्ध कर लें।

गैरी ज़ुकाव

वास्तविक शक्ति ख़ुशी, अर्थ, उद्‌देश्य, पूर्णता, सही समय पर सही जगह रहने का अनुभव है। यह इसका अनुभव है कि आपके जीवन का एक उद्‌देश्य है और आप जो कर रहे हैं, वह उस उद्‌देश्य में योगदान दे रहा है। यह आपके व्यक्तित्व की आपकी आत्मा के साथ एकरूपता है, सामंजस्य, सहयोग और साहचर्य के साथ एकरूपता है और जीवन के प्रति सम्मान के साथ एकरूपता है।

वास्तविक शक्ति सबसे छोटी चीज़ों में भी अर्थ और उद्‌देश्य को पहचान लेती है।

लिंडा फ़्रांसिस *(दायीं ओर)*

एकहार्ट टॉल

वास्तविक शक्ति व्यक्तिगत शक्ति नहीं है। यह तो एक ऐसी शक्ति है, जो उसके आगे तक जाती है, जो आप व्यक्ति के रूप में खुद को मानते हैं। यह एक ऐसी शक्ति है, जो सिर्फ़ आपके ही नहीं, बल्कि सृष्टि के हृदय में भी बसी हुई है। इसलिए अगर आप अपने भीतर के उस स्तर से जुड़े हुए हैं, तो आप सिर्फ़ उसी के सार से नहीं जुड़े हैं जो आप हैं, बल्कि आप सृष्टि के भी सार से जुड़े हुए हैं। और यही प्राचीन सूत्रवाक्य "जैसा ऊपर, वैसा नीचे" में बताया गया है।

वास्तविक शक्ति उत्पन्न करने के लिए उन भावनाओं के बारे में जागरूक हो जाएँ, जो आपको बाहरी शक्ति से जोड़े हुए हैं। चूँकि आपकी भावनाएँ वह शक्ति क्षेत्र हैं, जिनमें आपकी आत्मा काम करती है, इसलिए अपने व्यक्तित्व को अपनी आत्मा के तालमेल में लाने के लिए आपको अपनी भावनाओं के बारे में जागरूक होना चाहिए।

गैरी ज़ुकाव

बाहरी शक्ति उत्पन्न करने के लिए बाहर की ओर देखने के बजाय, दूसरों का शोषण या नियंत्रण करने के बजाय, आप अपने अनुभवों के आंतरिक उद्गम को अपने भीतर देखते हैं।

आप भावनात्मक जागरूकता की तकनीक के माध्यम से ऐसा कर सकते हैं। जब भी कोई नकारात्मक भाव उभरे, उस पर ध्यान दें।

लिंडा फ़्रांसिस

मेरे पास आपके लिए एक बेहतरीन ख़बर है। आपमें जो भी भाव आता है, हर भाव आपकी आत्मा का एक संदेश है। यह रोमांचक है।

यह जानना शक्तिशाली है, क्योंकि अगर आप इसे जानते हैं, तो आप उस पर ध्यान देंगे। आप अपनी आत्मा के एक संदेश पर अवश्य ध्यान देना चाहेंगे। मैं जानती हूँ कि आप ऐसा ज़रूर करना चाहेंगे।

हर भाव आपके आंतरिक स्त्रोत द्वारा भेजे गए त्वरित संदेश जैसा है। आत्मा के भेजे इस एसएमएस को डिलीट न करें। इसके बजाय इस पर ग़ौर करना, इसे दर्ज करना और आत्मसात करना महत्त्वपूर्ण है। आपका दिल ही वह सेल फ़ोन है, जिसमें आपकी आत्मा के एसएमएस आते हैं। खुले दिल से आप अपने डरों का सामना कर सकते हैं और प्रेमपूर्ण भावनाओं को पोषण दे सकते हैं।

डीन श्रॉक

हमारी भावनाएँ दरअसल एक मार्गदर्शन तंत्र की तरह काम करती हैं और हमें बता देती हैं कि हम कब अपने मूल सार और प्रेम के सामंजस्य में हैं। आपको वाक़ई जो भी महसूस हो रहा हो, उस पर ध्यान देकर ही आप यह पता लगा सकते हैं कि आप वह कर रहे हैं या नहीं, जो आपके लिए वाक़ई सही है, वाक़ई कारगर है।

आपकी भावनाएँ आपको तुरंत बता देंगी कि आप अपने व्यक्तित्व और जीवन को अपनी आत्मा के साथ दिशाबद्ध करने के मामले में सही पथ पर हैं या नहीं।

ईज़ाबेल आलिएंदे

मुझे कैसे पता चले कि मेरे या संसार के लिए क्या अच्छा है? यह मेरा शरीर है, जो मुझे बताता है कि मैं इसे कैसा महसूस करती हूँ और मैं सोचती हूँ कि हृदय ही शरीर का केंद्र है।

लिंडा फ़्रांसिस

भावनात्मक जागरूकता एक औज़ार है, जिसका इस्तेमाल मैं वास्तविक शक्ति उत्पन्न करने और आध्यात्मिक विकास करने के लिए करती हूँ। और यह एक ऐसा तरीक़ा है, जिसे मैं खुद में, अपने शरीर के ऊर्जा केंद्रों में खोज सकती हूँ। मैं हर समय अंदर जाँच करती रहती हूँ। मैं ग़ौर करती हूँ कि शारीरिक स्तर पर क्या हो रहा है, मेरे गले के इलाक़े में कौन सी गतिविधियाँ हो रही हैं या मेरे स्नायु गुच्छ (शरीर का मणिपुर चक्र वाला क्षेत्र) और दूसरे ऊर्जा केंद्रों में। इस तरह से मुझे पता चल जाता है कि मेरे व्यक्तित्व के डर पर आधारित हिस्से सक्रिय हो रहे हैं या मेरे व्यक्तित्व के प्रेम पर आधारित हिस्से सक्रिय हो रहे हैं।

आपका शरीर लगातार आपकी भावनात्मक अवस्था की झलक दिखाता है। ग़ौर करें कि आपकी भावनाएँ शारीरिक स्तर पर खुद को कैसे उजागर करती हैं। खुद से यह पूछने की आदत डालें कि किसी ख़ास मानसिक अवस्था में आप अपने शरीर में कोई चीज़ क्यों महसूस करते हैं। ग़ौर करें कि यह आपको अच्छी महसूस होती है या नहीं। तनाव आपको असहज बनाता है और सकारात्मक भाव खुशी उत्पन्न करते हैं, तो इसका एक कारण है।

गैरी ज़ुकाव

भावनात्मक जागरूकता का मतलब सिर्फ़ यह कहने की क़ाबिलियत नहीं है, "मैं नाराज़ हूँ या मैं दुखी हूँ या मैं खुश हूँ।" नहीं, यह इससे ज़्यादा आधारभूत और कहीं ज़्यादा सटीक होता है। इसका मतलब है अपने शरीर के विशिष्ट अंगों, मिसाल के तौर पर अपने गले, अपने सीने, अपने स्नायु गुच्छ (शरीर का मणिपुर चक्र वाला क्षेत्र) और अन्य अंगों की ओर अंदर देखना और यह पता लगाना

गैरी ज़ुकाव *(बायीं ओर)*

कि क्या आपको वहाँ किसी शारीरिक अनुभूति का आभास हो रहा है।

अगर कोई असहजकारी या दर्द भरी अनुभूतियाँ हैं, तो आप जान जाते हैं कि आपके व्यक्तित्व का डरा हुआ हिस्सा सक्रिय है। इसका मतलब है आपके व्यक्तित्व का वह हिस्सा, जो डर से संचालित है। आपके व्यक्तित्व का वह हिस्सा इस तरह के व्यवहार उत्पन्न करता है : क्रोध, ईर्ष्या, द्वेष, श्रेष्ठ व अधिकारपूर्ण महसूस करना, हीन महसूस करना और दूसरों की ख़ुशामद करने की ज़रूरत।

और एक बार जब आप यह जान जाते हैं, तो आप यह भी जान जाते हैं कि प्रेम से काम करने से आपके लिए सृजनात्मक, लाभकारी और अच्छे महसूस होने वाले अनुभव उत्पन्न होंगे। और डर में रहकर काम करने से आपके लिए दर्द भरे और विनाशकारी अनुभव उत्पन्न होंगे। यह भावनात्मक जागरूकता और ज़िम्मेदार चुनाव का मामला है।

प्रेम, स्पष्टता और बुद्धिमत्ता के साथ आप वास्तविक शक्ति उत्पन्न करते हैं। वास्तविक शक्ति होने पर आप किसी भावना के पार और किसी दूसरे व्यक्ति की आत्मा में देख सकते हैं। आप मूल्यांकन या निंदा नहीं करते हैं। आप अपने व्यक्तित्व को अपनी आत्मा के तालमेल में ले आते हैं और अपने हृदय की शक्ति का इस्तेमाल करते हैं।

लिंडा फ़्रांसिस

वास्तविक शक्ति उत्पन्न करने का अर्थ दरअसल यह है कि मैं अपने व्यक्तित्व के प्रेमपूर्ण हिस्सों को विकसित कर रहा हूँ, वे हिस्से जो जीवन का मूल्य समझते हैं, जो ख़ुशी का अनुभव करते हैं, जो करुणा का अनुभव करते हैं।

गैरी ज़ुकाव

इस सबका केंद्र प्रेम है। प्रेम। परिणाम के प्रति आसक्ति रखे बिना शक्तिशाली दिल के साथ जीवन जीना। आपका इरादा ही चेतना की

गुणवत्ता है, जो आपके कार्यों को प्रभावित करता है। अगर यह डर की ऊर्जा है, तो इस ऊर्जा को हावी होने, नियंत्रण में होने, चालाकी से काम करने की ज़रूरत महसूस होगी। यह परिणाम के प्रति आसक्ति है। यदि यह प्रेम की ऊर्जा है, तो यह परवाह की, धैर्य की, दयालुता की, सोच-विचार की, कृतज्ञता की ऊर्जा होगी।

वास्तविक शक्ति के साथ आप अपनी राह में आने वाली हर चीज़ को एक तरह के उपहार या आवश्यक सबक़ के रूप में देख सकते हैं। आप यह स्वीकार कर सकते हैं कि जब भी आपको कोई उपहार पहली बार मिलता है, तो हर उपहार सकारात्मक नहीं दिखता है।

जो भी आपके संपर्क में आता है, उसके लिए कृतज्ञ बनें, क्योंकि सभी को कहीं से एक मार्गदर्शक के रूप में भेजा गया है।

— रूमी

पहले-पहल कई मुश्किलों या चुनौतियों - भले ही वे बीमारियाँ और त्रासदियाँ हों - में कोई स्पष्ट सुनहरी लकीर नहीं दिखती है। लेकिन आप बड़े नुकसान के बावजूद इस बात के लिए कृतज्ञ हो सकते हैं कि आप ज़िंदा हैं। आप इसके साथ अंततः तालमेल बैठा सकते हैं। आपके नुकसान के बावजूद आपके जीवन में अब भी क्या बचा है? क्या आप संकट से गुज़रने के फलस्वरूप दूसरों की भलाई करने में समर्थ हैं?

एकहार्ट टॉल

यदि आप अपने भीतर के उस सबसे गहरे स्तर के साथ जुड़ाव में नहीं जी रहे हैं, तो चाहे आप इस संसार में बाहरी स्तर पर कुछ भी हासिल कर लें, अपनी तमाम उपलब्धियों के बावजूद आप हमेशा बहुत जल्दी कुंठा, निराशा और दुख या कष्ट के किसी न किसी रूप का सामना करेंगे।

आपका व्यक्तित्व चाहे रोज़मर्रा की ज़िंदगी में कितना भी सफल क्यों न हो - प्रभावशाली करियर, विलासिता की वस्तुएँ, प्रतिष्ठित आवास - जब तक आप वास्तविक शक्ति का अभ्यास नहीं करते हैं, आपकी सफलता से आपको संतुष्टि नहीं मिलेगी।

नील डोनाल्ड वॉल्श

जब हम जीवन के अनुभवों के बीच आगे बढ़ते समय हृदय के मसलों को नज़रअंदाज़ कर देते हैं या हृदय से परामर्श नहीं लेते हैं, तो हम ऐसी घटनाओं की श्रृँखला के बीच होते हैं, जो हमें कहीं नहीं ले जातीं। लेकिन यदि हम हृदय की सलाह पर चलते हैं, अगर हम हृदय से परामर्श लेते हैं, तो हम अनुभवों की एक ऐसी श्रृँखला के बीच होते हैं, जो हमें दोबारा घर ले जाती हैं।

गैरी ज़ुकाव

जब आप वास्तविक शक्ति उत्पन्न करते हैं, तो आपका जीवन अर्थ, उद्देश्य, सजीवता और सृजनात्मकता से भरना शुरू हो जाता है, क्योंकि आप उसी दिशा में बढ़ रहे हैं, जिधर आपकी आत्मा आपको ले जाना चाहती है।

अपने व्यक्तित्व को अपनी आत्मा के सामंजस्य में लाने के लिए आप हर नए अनुभव का इस्तेमाल कर सकते हैं। हर स्थिति आपको खुले दिल से जीवन की ओर बढ़ने का अवसर देती है, संसार को प्रेम पहुँचाने का अवसर देती है। यही मानव अनुभव का उद्देश्य है, जो आध्यात्मिक जीव होने के नाते आपका भी है। यही आपके अस्तित्व का कारण है। यही वास्तविक शक्ति है।

जो गुज़र चुका है और जो हमारे सामने है,
वह उसके मुक़ाबले बहुत छोटी चीज़ है जो हमारे भीतर है।
— ऑलिवर वेंडेल होम्स

मनन

पृथ्वी पर आत्मा का अहसास

ज़ेन गुरु थिक न्यत हान हमें सिखाते हैं कि आप जब भी किसी शक्तिशाली, परेशान करने वाली या नकारात्मक भावना के बारे में जागरूक हों, तो आप अपने मन को अपनी साँस पर एकाग्र करके ख़ुद को शांत कर सकते हैं। अंदर–बाहर जाती साँस पर अपना ध्यान केंद्रित रखने से आप शांत होते हैं। बस पेट से साँस लेने पर ध्यान केंद्रित करें। साँस अंदर लेते वक़्त पेट ऊपर उठता महसूस करें। साँस बाहर छोड़ते वक़्त पेट को भीतर जाता महसूस करें। साँस अंदर लेते समय साँस को महसूस करें – क्या यह तेज़ और उथली है या गहरी और धीमी है? अपनी साँस को शांत करने के लिए चेतन होकर अंदर–बाहर साँस लें।

जब आपकी साँस गहरी और धीमी हो, तो अंदर साँस लें और जागरूक बनें कि आपका प्रबल भाव कम हो रहा है। बाहर साँस छोड़ते समय महसूस करें कि क्रोध या डर कम हो रहा है। साँस अंदर लेते समय महसूस करें कि आपकी भावना गुज़र चुकी है। साँस बाहर छोड़ते समय भी महसूस करें कि आपकी भावना गुज़र चुकी है। शांति के लंबे पल में बने रहें। अब आप भावना के पार देख सकते हैं। जिस भी व्यक्ति या स्थिति ने भावना उत्पन्न की थी, आप उसके प्रति अपने गहरे जुड़ाव के बारे में जागरूक हो गए हैं। अब आप अपनी आत्मा के साथ जुड़ाव के बारे में जागरूक हो गए हैं और वास्तविक शक्ति के साथ कार्य कर सकते हैं।

9. इरादे और अंतर्बोध की शक्तियाँ

आदर्श कार्य के बजाय पवित्र इरादे का होना ज़्यादा महत्त्वपूर्ण है।

— इलियास कासम

आप जो भी करते हैं या आप जो भी सोचते हैं, हर चीज़ का उद्गम किसी इरादे से होता है। आपका इरादा न सिर्फ़ आपके जीवन को नियंत्रित करता है, बल्कि यह आपके सभी कार्यों के परिणाम को भी तय करता है।

एकहार्ट टॉल

आप खुद को किसी भी स्थिति में पाएँ, खुद से पूछने के लिए एक बहुत अहम सवाल यह है : "यहाँ मेरा इरादा क्या है? मेरा बुनियादी इरादा क्या है?" दूसरे शब्दों में, आप चाहे जो कर रहे हों, किसी भी पल सबसे पहले सचमुच यही मायने रखता है कि आपकी चेतना की अवस्था क्या है, जिससे आप काम करते हैं?

अपने दिल की गहराई में आप जानते हैं कि वह कौन सा इरादा है, जो आपके कार्यों या विचारों को पोषण देता है। सिर्फ़ आप ही जान सकते हैं। और आप यह अच्छी तरह जानते हैं कि आप जो कर रहे हैं, उसका उद्‌देश्य सद्‌भाव और सहयोग है या सिर्फ़ व्यक्तिगत लाभ है।

माया ऐंजेलू

हो सकता है कि आपका इरादा एक मिलियन डॉलर पाना हो और उस इरादे में आपको किसी बैंक में डाका डालने या सड़क पर किसी को लूटने की ज़रूरत होगी। आपका इरादा किसी ख़ास महिला को पाना हो सकता है : "मैं इस औरत को चाहता हूँ या मैं इस पुरुष को अपने पति के रूप में चाहती हूँ।" बहरहाल, अगर हम सचमुच उस चीज़ को चाहते हैं, तो दिल के पास जाकर कहें, "मैं इसे ही चाहता हूँ।" और दिल कह सकता है, "अच्छा, मैं इसे पाने में तुम्हारी मदद करूँगा। मैं तुम्हें दिखाऊँगा कि इसे कैसे पाना है। तुम्हें अब काम करने के लिए तैयार रहना होगा। अभी मुझ पर विश्वास करो और फिर तुम इसे पा सकते हो। हाँ, शर्त यह है कि इससे किसी दूसरे को नुक़सान न हो रहा हो। हाँ।"

आपके कार्यों और विचारों के पीछे निहित इरादा एक ऊर्जा है। जो भी ऊर्जा आप व्यय करते हैं, वह आपकी ओर प्रत्यक्ष या अप्रत्यक्ष रूप से हमेशा लौटती है। इसलिए इसे दिमाग़ में रखते हुए काम करें। चेतन होकर काम करें, दिल से, प्रेम से और सही इरादे से।

ईज़ाबेल आलिएंदे

मुझे अच्छे इरादे की दृष्टि से, प्रेम और दयालुता की दृष्टि से काम करना होता है। यह अच्छे इरादे की दृष्टि है, जो मुझे कोई नुक़सान किए बिना इस संसार में चलने की अनुमति देगी।

माया ऐंजेलू *(दायीं ओर)*

यदि आप सच्चा प्रेम और करुणा संचारित करते हैं, तो आपको अंततः प्रेम और करुणा ही वापस मिलेगी। दूसरी ओर, अगर आप डर और शंका संचारित करते हैं, तो आपका सामना डर और शंका से भरी स्थितियों से होगा। यह कहना सतही है कि अगर आप आज नाराज़ हैं, तो आप कल नाराज़ लोगों को आकर्षित करेंगे, लेकिन अगर आप आम तौर पर कठोर और अविश्वासी हैं, तो आप लंबे समय में ऐसे ही व्यक्तित्व और नज़रिये वाले लोगों को आकर्षित करेंगे। आप अपने बराबर ऊर्जा वाले लोगों के प्रति आकर्षित होते हैं और आप उन लोगों को आकर्षित करते हैं, जो संसार का अनुभव ठीक आपकी ही तरह करते हैं। वे आपको समझते हैं और आप उन्हें समझते हैं। आप कह सकते हैं कि आपको संसार से वही मिलता है, जो आप संसार को देते हैं। तो आपका इरादा एक कारण है, जो समान परिणामों को उत्पन्न करता है।

एकहार्ट टॉल

आपके बुनियादी इरादे को इस पल आपकी चेतना की अवस्था बनने की ज़रूरत है। आपके इरादे को इस पल दिल के साथ जुड़ने की ज़रूरत है।

आपका जो इरादा होता है, वही आपको मिलता है। एक बार जब आप अपने दिल के साथ जुड़ाव में जीने का निर्णय लेते हैं, तो आप एक अलग, ज़्यादा सकारात्मक वास्तविकता का अनुभव करते हैं। चूँकि आपका इरादा आपके दिल में उत्पन्न होता है, इसलिए आप सद्‌भाव और प्रेम की ऊर्जा आकर्षित करने में सक्षम बन जाते हैं। आपका इरादा चेतना की गुणवत्ता है, जो आपके कार्यों में समाई होती है।

आपके कार्यों की जड़ में जो इरादा होता है, वह मायने रखता है। आपके इरादे की ऊर्जा ही आपके कार्यों के परिणाम को प्रभावित करती है। आप जो भी शब्द बोलते हैं और जो भी करते हैं, वह हर चीज़ चेतना से सराबोर होती है। यदि आप देने के संदर्भ में सोचते हैं, तो आप इसी मानसिकता के लोगों को आकर्षित

करेंगे, जिनके साथ मिलकर आप उदारता की वास्तविकता बनाते हैं, जो उस इरादे में झलकती है। यह सृष्टि के सबसे महान सत्यों में से एक है, जिसे कई बार कर्म सिद्धांत कहा जाता है।

अगर मैं हृदय से कुछ उत्पन्न करता हूँ, तो लगभग हर चीज़ काम करती है;
यदि दिमाग से करता हूँ, तो लगभग कुछ भी काम नहीं करता।
— मार्क शगाल

ज़ाहिर है, जीवन में हमेशा अप्रिय चीज़ें रहेंगी, जिन्हें आप प्रभावित नहीं कर सकते या जो आपके नियंत्रण के बाहर होती हैं। फिर भी, ऐसी भी बहुत सी चीज़ें होती हैं, जो आपके नियंत्रण से बाहर सिर्फ़ इसलिए हो जाती हैं, क्योंकि आप अपने कार्यों के पीछे के इरादे के बारे में पूरी तरह जागरूक नहीं होते। इसीलिए उस ऊर्जा के बारे में चेतन होना महत्त्वपूर्ण होता है, जिसे आप उत्पन्न करते हैं।

जब आप कोई चीज़ करने का निर्णय लेते हैं, तो हर महत्त्वपूर्ण अत्यावश्यक लक्षण - शरीर का तापमान, हृदय गति, ऑक्सीजन का अवशोषण, हॉर्मोन का स्तर, मस्तिष्क की गतिविधि आदि - उस पल बदल जाता है... निर्णय वे संकेत हैं, जो आपके शरीर, मस्तिष्क और परिवेश को एक ख़ास दिशा में जाने के लिए कहते हैं।
— दीपक चोपड़ा, *द बुक ऑफ़ सीक्रेट्स*

जब भी आप महसूस करें कि आपका जीवन नियंत्रण के बाहर जा रहा है, कि आपके आस-पास के लोग आपके साथ चालाकी कर रहे हैं, कि चीज़ें आपके मनचाहे तरीक़े से नहीं हो रही हैं, तो एक सकारात्मक इरादे और सकारात्मक मानसिकता से सोचने तथा काम करने का निर्णय लें। अपनी स्थिति को देखने के अच्छे तरीक़े सोचें। तब आपके अच्छे अवसर पाने की ज़्यादा संभावना रहती है, जो आप इसके बिना चूक जाते।

जो सही है, उसे करने के लिए समय हमेशा सही है।
— मार्टिन लूथर किंग जूनियर

अगर आप एक ऐसा इरादा उत्पन्न करने का चयन करते हैं, जिसके प्रेमपूर्ण परिणाम हों, तो इसके लिए सिर्फ़ यह कहना ही काफ़ी नहीं है कि आप उस इरादे को चुन रहे हैं। आपको उस ऊर्जा को अपने दिल में महसूस करना होता है। सृष्टि किसी झूठे इरादे के पार जाकर सीधे देख लेती है कि आपके दिल में क्या है। यह पता लगाने के लिए अपने दिल की सुनें कि अपने कार्यों से आप सचमुच क्या हासिल करने का इरादा रखते हैं। सकारात्मक, सही इरादे की ऊर्जा उत्पन्न करने के लिए अपने दिल से जुड़ें।

गैरी ज़ुकाव

अपने इरादों की पहचान करना सीखना वास्तविक शक्ति उत्पन्न करने का मूल है। जो इरादे डर से उत्पन्न होते हैं, वे एक परिणाम से जुड़े होते हैं। संतुष्ट होने के लिए उन्हें उस परिणाम को पाना ही होगा। आपके व्यक्तित्व के उन हिस्सों को परिस्थितियों तथा व्यक्तियों को नियंत्रित करना ही होगा, ताकि उनकी आवश्यकता संतुष्ट हो जाए। आपके व्यक्तित्व के जो हिस्से प्रेम से उत्पन्न होते हैं, वे लोगों की परवाह करते हैं। वे दूसरों के बारे में परवाह करते हैं।

कर्म के बिना प्रेम निरर्थक है और प्रेम के बिना कर्म अप्रासंगिक है।

— दीपक चोपड़ा

जब भी आप व्यक्तिगत लाभ की ख़ातिर कुछ करते हैं, तो आपका इरादा डर से, आपके व्यक्तित्व से उत्पन्न हो रहा है। जब आप सद्भाव और सहयोग उत्पन्न करने की ख़ातिर काम करते हैं, तो आपका इरादा आपके दिल से उत्पन्न हो रहा है। आपके हृदय और आत्मा में सिर्फ़ प्रेम करने के गुण ही हैं। जो इरादे आपके दिल में उत्पन्न होते हैं, केवल वही आपके जीवन को सच्ची संतुष्टि और अर्थ दे सकते हैं।

माया ऐंजेलू

अगर आप दिल से बोलते हैं, तो आपका इरादा हार्दिक होगा, विवेकपूर्ण होगा।

ज़ेन गुरु थिक न्यत हान सुझाव देते हैं कि हम सही या अच्छे इरादे उत्पन्न कर रहे हैं, यह सुनिश्चित करने के लिए हमें कई सवाल पूछने का अभ्यास करना चाहिए। आप इन सवालों को एक क़ागज़ पर लिखकर किसी ऐसी जगह भी रख सकते हैं, जहाँ आप दिन में उन्हें बार-बार देख सकें। ये सवाल पूछने से पहले तीन धीमी साँसें अंदर-बाहर लें, ताकि आप वर्तमान पल में आ जाएँ।

काम करने से पहले ख़ुद से पूछा जाने वाला पहला सवाल है, "क्या मुझे पूरा यक़ीन है?" या "मैं क्या कर रहा हूँ?" यह आपको उन ग़लत अनुभूतियों से दूर ले जाता है, जिससे आप काम करने से पहले ही जान जाते हैं कि आप क्या कर रहे हैं और कहाँ जा रहे हैं। फिर पूछें, "क्या मेरा इरादा अभी के लिए सही है?" फिर ख़ुद से पूछें, "क्या मैं स्वचालित ढंग से या आदत के अनुसार काम कर रहा हूँ?" आदत की यह ऊर्जा इरादतन के बजाय अचेतन हो सकती है, इसलिए आप अपने इरादे और अपने कार्य दोनों के बारे में चेतन होना चाहते हैं। अंत में, ख़ुद से पूछें, "क्या मेरा इरादा प्रेमपूर्ण दयालुता, करुणा और दूसरों के प्रति सद्भावना पर आधारित है?"

ये सवाल आपके इरादों और कार्यों के बारे में जागरूक बनाने में आपकी मदद कर सकते हैं।

आपके अंतर्बोध की भाषा

अंतर्बोध दरअसल जीवन के सर्वव्यापी प्रवाह में आत्मा का अचानक डूब जाना है।

— पाउलो कोएलो, द *अलकेमिस्ट*

अंतर्बोध से इंकार नहीं किया जा सकता। बहुत तार्किक, सामान्य बुद्धि वाले लोग भी उन पलों को याद कर सकते हैं, जब अंतर्बोध ने उनकी सहायता की थी। वास्तव

में अरस्तू ने बुद्धिमत्ता की परिभाषा इस तरह दी थी, "अंतर्बोध के तर्क और वैज्ञानिक ज्ञान का मिश्रण।"

हमारी पाँच इंद्रियां हमें भौतिक वास्तविकता अनुभूत करने में समर्थ बनाती हैं - हम अपने आस-पास के संसार को देखते हैं, सुनते हैं, स्वाद लेते हैं, सूँघते हैं और स्पर्श करते हैं। लेकिन अपरिहार्य रूप से हम अपनी पाँच इंद्रियों और तार्किक विचार की सीमाओं का सामना करते हैं। ऐसी स्थिति में हमें अपने हृदय और इसके अंतर्बोध की शक्ति से जुड़ना चाहिए, ताकि हम यह जान सकें कि क्या करना है।

आप अपने कानों से या दरअसल किसी भी अन्य इंद्रिय से अपने दिल की आवाज़ नहीं सुन सकते। उसके लिए आपको अंतर्बोध की ज़रूरत होती है, अनुभूति का एक ऐसा रूप जो इंद्रियगत अनुभूति के पार जाता है।

लिंडा फ़्रांसिस

आप अपनी पाँच इंद्रियों से पाँच इंद्रियों की अनुभूति का ही अनुभव कर सकते हैं। यह समुद्र की तरह हर वह चीज़ है, जिसे आप देख सकते हैं, सुन सकते हैं, छू सकते हैं, जिसे आप सूँघ सकते हैं, जैसे ओवन में बनाया हुआ चॉकलेट केक, जिसका आप स्वाद ले सकते हैं, जैसे कोई स्ट्रॉबेरी या आम। अब हमारे पास पाँच इंद्रियों से ज़्यादा तक पहुँच होती है, ज़्यादा बड़े इंद्रियगत तंत्र तक, जो हमें वह जानकारी देता है, जो हमारी आँखें, कान, नाक, स्वाद और स्पर्श आम तौर पर हमें नहीं दे सकते।

आपका हृदय आपको बहु-इंद्रियगत अनुभूतियों तक पहुँच प्रदान करता है - आपका अंतर्बोध - सिर्फ़ इसलिए क्योंकि यह आपको सृष्टि और आपकी चेतना के ज़्यादा ऊँचे स्तर से जोड़ता है। अंतर्बोध अमूर्त या अस्पष्ट है, लेकिन यह बहुत व्यक्तिगत भी है। संसार में किन्हीं दो लोगों के फ़िंगरप्रिंट एक से नहीं होते और यही अंतर्बोध के बारे में भी सच है : किन्हीं दो लोगों का अंतर्बोध एक जैसे तरीक़े से काम नहीं करता। हर इंसान का अपना अनूठा अंतर्बोध होता है, जिसे भावनाओं द्वारा आहार दिया जाता है।

अंतर्बोध हृदय की भाषा है। आपका अंतर्बोध कैसे काम करता है, यह जानने के लिए अपना ध्यान अंदर की ओर मोड़ें, जिस तरह आप अपने दिल से जुड़ने के लिए अंदर की ओर देखते हैं।

गैरी ज़ुकाव

कल्पना करें कि आप दिन भर प्रकृति की गोद में पहाड़ों में पैदल चले हैं। अचानक आपको अहसास होता है कि आप नहीं जानते कि आप कहाँ हैं। अँधेरा हो रहा है, और ठंड बढ़ रही है और आप ठिठुर रहे हैं। अब अँधेरा ज़्यादा गहरा होता जा रहा है, इतना अँधेरा कि आप कुछ भी नहीं देख सकते। लेकिन आप अजीब आवाज़ें सुनते हैं : "अरे। क्या यह उल्लू है?" आप एक स्याह आकार देखते हैं : "अरे, क्या यह कोई पशु था? क्या यह कोई भालू था?" लेकिन अंदर कोई चीज़ आपसे कहती है, "सब ठीक है, आप ठीक हैं। यह रुकने के लिए अच्छी जगह है।" लेकिन आप भूखे हैं और आपका पेट आवाज़ें कर रहा है। आपको घर लौटना है। और आपके भीतर कोई चीज़ कहती है, "सब ठीक है, आप ठीक हैं।" लेकिन आपको लगता है कि लोग आपके बारे में चिंतित होंगे और आपको तुरंत अपनी कार खोजने की ज़रूरत महसूस हो रही है। और एक बार फिर आपके भीतर की कोई चीज़ आपसे कहती है, "सब कुछ ठीक है, आप ठीक हैं, आप ठीक हैं।" आप लेट जाते हैं और सोने की कोशिश करते हैं। आख़िर, सूर्य उगता है और आप लगभग अपने ठीक सामने एक खड़ी चट्टान देखते हैं और आप उसके ऊपर हैं। अगर आप कुछ फुट आगे गए होते, तो आप उस चट्टान से गिर जाते। उगता सूरज आपको वह दिखा देता है, जो आपकी जान ले सकता था। आपके भीतर की आवाज़, वही आवाज़ जिसने कहा था, "यह ठीक है, यह रहने के लिए अच्छी जगह है," हर चीज़ देख रही थी। इसने चट्टान देख ली थी। यह सटीकता से जानती है कि आपको कहाँ जाने की ज़रूरत है और क्यों। यही बहु-इंद्रियगत अनुभूति है।

अपने दिल को खोलकर आप अपने अंतर्बोध का दोहन करते हैं, जिससे आप एक अदृश्य वास्तविकता की अनुभूति करते हैं, जिसे आप अपनी पाँच इंद्रियों से नहीं परख सकते। आपकी इंद्रियाँ आपको ग़लत राह में ले जा सकती हैं, लेकिन आपका अंतर्बोध आपको कभी निराश नहीं करेगा।

लिंडा फ़्रांसिस

यह आत्मा की आवाज़ है, जो आपसे बोल रही है। यह ज़िंदा रहने के तरीक़ों से भी कहीं बढ़कर बहुत सारी बातें आपको बताती है। यह आपको बताती है कि कहाँ मित्र और सहकर्मी इंतज़ार कर रहे हैं, किन मार्गों से बचना है और किन मार्गों को टटोलना है। यह हमेशा आपको मार्गदर्शन देती है, सहारा देती है और सार्थकता की ओर ले जाती है। बहु-इंद्रियगत अनुभूति वह अनुभव और ज्ञान है, जो पाँच इंद्रियों के पार जाता है।

पाउलो कोएलो

हमारे दिल की बात सुनना बहुत महत्त्वपूर्ण है, इसलिए नहीं क्योंकि वहाँ सारे जवाब होते हैं - हो सकता है कि वहाँ हमारे सारे जवाब हों - बल्कि इसलिए क्योंकि दिल हमारे भीतर की किसी ऐसी चीज़ को उकसा रहा है, जिसे हम खो चुके हैं और यह हमारा अंतर्बोध है। और अपने अंतर्बोध के आधार पर हम आगे बढ़ सकते हैं।

आपके अंतर्बोध या बहु-इंद्रियगत अनुभूति की एक अनूठी आवाज़ या भावना होती है।

लिंडा फ़्रांसिस

बहु-इंद्रियगत अनुभूति पहचानने के बहुत सारे तरीक़े होते हैं। अगर आपके पास यह विचार है कि हर चीज़ आदर्श है, तो ऐसा ही है। अगर आप एक पल के लिए महसूस करते हैं कि कोई संयोग दरअसल

संयोग से ज़्यादा है, कि इसके पीछे कोई शक्तिशाली और अर्थपूर्ण चीज़ है, तो ऐसा ही है।

गैरी ज़ुकाव

आप यह पाना शुरू करते हैं कि आप चीज़ों को जानते हैं या आपको अहसास होता है कि आप दूसरे लोगों के बारे में चीज़ें जानते हैं। मिसाल के तौर पर, आप सुपरमार्केट में किसी को देखते हैं। और आपको अहसास होता है कि उस महिला का अभी-अभी तलाक़ हुआ है और वह बहुत दुख में है। तो ऐसा ही है। या फिर कोई व्यक्ति सख़्त और दबंग दिखता है, लेकिन उसका दयालु हृदय है। तो ऐसा ही है।

आपके हृदय का अंतर्बोध आपको दूसरे लोगों के व्यवहार की सतह के नीचे देखने और करुणा का अभ्यास करने की अनुमति भी देता है। मिसाल के तौर पर, जब कोई आपसे नाराज़ दिखता है, तो हो सकता है आपका अंतर्बोध आपको यह दिखा दे कि यह व्यक्ति तनाव में है, जिस वजह से वह आप पर भड़ास निकाल रहा है।

लिंडा फ़्रांसिस

यह एक बड़ी बात है, अगर आपको यह अहसास हो जाता है कि आप उससे ज़्यादा हैं, जितना आपने कभी ख़ुद को माना था, कि आप शरीर और मस्तिष्क से ज़्यादा हैं। यही बात है। यह ज़्यादा देखने की शुरुआत है। यह उस सबको देखने की शुरुआत है, जो आप पहले देख चुके हैं, वह सब जो आपकी पाँच इंद्रियाँ आपके सामने उजागर कर सकती हैं। साथ ही साथ यह इस बात का अहसास करने की भी शुरुआत है कि इसके पीछे बुद्धिमत्ता, उद्देश्य और शक्ति है। यह बहु-इंद्रियगत अनुभूति है।

कल्पना की यह शक्ति हृदय की सतत उत्पादकता का हिस्सा है, जो हमेशा आपको नए अवसर प्रदान करती रहती है। आपका दिल आपके अंतर्बोध के ज़रिये आपको ये

अवसर प्रदान करता है, ताकि आप एक अलग, ज़्यादा बेहतर तरीक़े से जीवन के समीप पहुँच सकें।

ईज़ाबेल आलिएंदे

मेरा शरीर निश्चित चीज़ें ही महसूस कर सकता है, लेकिन वास्तविकता इससे बहुत बढ़कर है। जब मैं लिखती हूँ, जब मेरे पास एकांत और मौन में पर्याप्त समय होता है, तो मैं अतीत और भविष्य की चीज़ों के बीच के उन संबंधों को देख सकती हूँ, अनुभूत कर सकती हूँ। मैं घटनाओं, कारण और परिणाम, को ऐसे मायनों में संबद्ध कर सकती हूँ, जो मैं तब नहीं कर पाती, जब मैं व्यस्त होती हूँ या जब मैं शोर में होती हूँ या जब मैं दूसरे लोगों के साथ होती हूँ।

लोग कहते हैं कि मैं जादुई यथार्थवाद की शैली में लिखती हूँ, मानो यह कोई साहित्यिक शैली हो। दरअसल इसी तरह मैं अपना जीवन जीती हूँ। संसार एक बहुत रहस्यमय स्थान है और इसके बारे में हम बहुत कम जानते हैं। वास्तविकता के आयाम होते हैं और शायद हर चीज़ एक साथ होती है और अतीत या भविष्य की हर चीज़ इसी जगह इसी पल में हो रही है।

इसलिए लिखना मेरे लिए एक साहित्यिक मार्ग है, जिससे मैं यह पता लगाती हूँ कि आत्मा कहाँ है। और मैं ऐसी चीज़ें महसूस कर सकती हूँ, जिन्हें दूसरे लोग एक तरह का पागलपन मान सकते हैं। मिसाल के तौर पर, मैं बहुत सपने देखती हूँ और उन्हें लिख लेती हूँ, क्योंकि यह मेरी आत्मा है, जो मुझे कोई ऐसी चीज़ बता रही है, जिस पर मुझे ध्यान देना चाहिए।

अंतर्बोध के हृदय में हमेशा आपके सर्वश्रेष्ठ हित होते हैं और यह प्रेमपूर्ण आवेगों तथा इरादों का समर्थन करता है। आप जब भी शंका में हों, दिल से काम करें।

अंतर्बोध वाला मस्तिष्क एक पवित्र उपहार है और तार्किक मस्तिष्क एक वफ़ादार सेवक है।

— ऐल्बर्ट आइंस्टाइन

ईज़ाबेल आलिएंदे *(दायीं ओर)*

गैरी ज़ुकाव

बौद्धिक समझ बहु-इंद्रियगत अनुभूति के उदय के साथ ग़ायब नहीं हो जाती। यह तो बस निचले स्थान पर आ जाती है। यह अब बोर्ड की चेयरमैन नहीं रहती, यह सिर्फ़ कर्मचारी बन जाती है। यह अब दिल के अधीन रहती है।

जो डिस्पेंज़ा

जब हम अपने हृदय को खोलना शुरू करते हैं, तो हम दरअसल चेतना के अलग स्तर पर कार्य करते हैं। हम अपना ध्यान जहाँ रखते हैं, वहीं हमारी ऊर्जा होती है। हृदय सहज बोध की जानकारी ग्रहण करने लगता है। और हृदय अंतर्बोध की जानकारी को मस्तिष्क से पहले ग्रहण कर लेता है।

जीवन में हर चीज़ जुड़ी हुई है। आपका अंतर्बोध आपको अपने आस-पास के सारे जुड़ाव देखने और उनके साथ मिलकर काम करने की अनुमति देता है।

हम हमेशा जानते हैं कि चलने के लिए सबसे अच्छी राह कौन सी है, लेकिन हम अक्सर उसी राह पर जाते हैं, जिसके हम आदी हो चुके हैं। एक बार जब आप अपने हृदय से जुड़ जाते हैं, तो आप अपने सहज बोध पर - बुद्धि के आपके सर्वोच्च रूप पर - काम कर सकते हैं, इस पर सवाल किए बिना, कारण को जाने बिना। इसकी ज़रूरत ही नहीं होती।

अंतर्बोध की समझ की शक्ति जीवनपर्यंत नुक़सान से आपकी रक्षा करेगी।

— लाओ त्सू

मनन

अपने अंतर्बोध का अनुसरण करना

आपका अंतर्बोध अपने अनूठे तरीक़े से आपसे बात करता है। आपका ध्यान पाने के लिए यह आपको असहज या चिड़चिड़ा बना सकता है। यह आपको तनावपूर्ण बना सकता है या आपको विरक्ति का भाव दे सकता है, मानो आपका अचानक अपनी भावनाओं से संपर्क टूट गया हो और आपको दोबारा जुड़ने की ज़रूरत हो। यह अपना संदेश किसी सपने या गीत में संप्रेषित कर सकता है जिसे आप अपने दिमाग़ से बाहर नहीं निकाल सकते – शायद सपने या गीत में कोई शाब्दिक या आलंकारिक संदेश है। शायद आप एक अंदरूनी आवाज़ सुन सकते हैं, जो चेतावनी या दिशा के वास्तविक शब्द बताती है। या आपको अपने शरीर में एक निश्चित अहसास होता है, एक ज्ञान का अहसास – पेट में उथलपुथल या सिर में हल्कापन।

अगर आपको अचानक किसी की याद आ जाए, तो उसे ईमेल भेजें या फ़ोन करें। स्थितियों से उपजने वाली पहली भावनाओं पर ध्यान दें। सवालों पर अपने दिमाग़ में आने वाली पहली प्रतिक्रियाओं पर ध्यान दें। अपने अंतर्बोधों का दैनिक रिकॉर्ड रखें और इसका भी रिकॉर्ड रखें कि जब आप उन पर काम करते हैं, तो क्या होता है।

आपका अंतर्बोध आपसे चाहे जैसे संप्रेषण करे, उस पर विश्वास करें। उस पर ध्यान दें। उसके साथ बैठें, उसके साथ आरामदेह रहें। यह आपको जो भी बताता है, उसके प्रति खुले रहें। अपने अंतर्बोध के साथ बहस न करें, भले ही यह आपको कोई ऐसी चीज़ बता रहा हो, जिसे आप सुनना न चाहते हों। इसके मार्गदर्शन का जितनी अच्छी तरह पालन कर सकें, करें। हो सकता है कि यह तार्किक न हो और हो सकता है कि यह आपको तुरंत पूरी तस्वीर न बताए कि कुल मिलाकर क्या होने वाला है। इसकी सटीकता को देखने से पहले आपको इसका अनुसरण करने और घटनाओं को प्रकट होने देने की ज़रूरत हो सकती है।

10. समकालिकता : हर चीज़ के पीछे छिपी योजना

आदर्श कार्य के बजाय पवित्र इरादे का होना ज़्यादा महत्त्वपूर्ण है। कोई ग़लतियाँ नहीं होती, कोई संयोग नहीं होता। सारी घटनाएँ वरदान हैं, जो हमें सिखाने के लिए भेजी गई हैं।

— एलिज़ाबेथ कूबलर-रॉस

जब मैंने *द पावर ऑफ़ द हार्ट* फ़िल्म पर काम शुरू किया, तो उसके कुछ महीने बाद मुझे गंभीर शंका होने लगी। मुझे पक्का यक़ीन नहीं था कि मैं इतने बड़े काम को सफलतापूर्वक कर सकता हूँ। कुछ समय तक मैंने इस बारे में भी सोचा कि मैं यह सब कुछ छोड़ दूँ और दोबारा वकील के रूप में काम करने लगूँ - आख़िर, मुझे इसी के लिए तो प्रशिक्षित किया गया था।

जब ये शंकाएँ मेरी सहनशक्ति से आगे बढ़ गईं, तो एक दिन मैंने ख़ुद से कहा, *अगर मुझे सचमुच यह करना चाहिए, अगर जीवन मुझसे सचमुच यही चाहता है, तो मुझे एक संकेत, एक पुष्टि की ज़रूरत है - और आज ही ज़रूरत है।* मैंने ख़ुद को सृष्टि से ज़ोर से यह कहते पाया : "अगर मुझे यह करना चाहिए, तो कोई संकेत भेजो!"

कुछ ही पल बाद दरवाज़े की घंटी बजी। डाकिए ने मेरा अभिवादन करके मुझे कुछ पत्रिकाएँ थमा दीं। सबसे ऊपर वाली पत्रिका पर जो शीर्षक था, वह डच भाषा में बड़े-बड़े अक्षरों में था, *अपने हृदय का अनुसरण करें।*

उस बिंदु पर मैं जान गया कि यही वह संकेत था, जिसकी मुझे ज़रूरत थी। मैं कृतज्ञता के गहरे भाव में डूब गया - और मेरे मन में कोई शंका नहीं थी!

आप जो भी करते हैं, उस हर चीज़ के पीछे एक ज़्यादा बड़ी शक्ति होती है। चीज़ें किसी कारण से होती हैं और जब ऐसा लगता है कि संसार आपके ख़िलाफ़ नहीं, बल्कि आपके साथ काम कर रहा है, तो यह समकालिकता (एक ही समय में साथ घटित होने वाली घटनाएँ) कहलाती है। क्या आपके मन में कभी यह भावना नहीं आई कि कोई चीज़ "महज़" इत्तफ़ाक नहीं थी? शायद आपने रेडियो पर कोई गाना सुना हो, जो दिन भर आपके दिमाग़ में गूँजता रहा। या आपको किसी मित्र की याद आ गई, जो आपको लंबे समय से नहीं दिखा था और उसी पल उसने बेहतरीन ख़बर के साथ आपको फ़ोन कर दिया।

गैरी ज़ुकाव

समकालिकता एक रोचक, अजीब सा लगने वाला शब्द है, जिसे कार्ल युंग ने ईजाद किया था। और इससे उनका मतलब यह था : आपके जीवन में जब कोई चीज़ महज़ संयोग नज़र आती है, लेकिन आप जानते हो कि वह इससे बढ़कर कुछ है। यह केवल एक अनायास घटित संयोग से अधिक होता है। इसके पीछे अर्थ है, उद्‌देश्य है, शक्ति है।

समकालिकता की घटनाएँ छोटे चमत्कारों, सृष्टि के अज्ञात उपहारों जैसी लगती हैं। वे किसी सुखद आश्चर्य के रूप में आती हैं, एक अद्‌भुत जुड़ाव जो एक पल से दूसरे पल तक आपके जीवन को बदल सकता है, विकास या ज्ञान की संभावना के साथ एक रोमांचक मार्ग खोल सकता है। इन घटनाओं के होने की बहुत कम उम्मीद होती है - लेकिन इसके बावजूद वे हो जाती हैं। मान लें, आपको किसी की सलाह या सहायता की सख़्त ज़रूरत है, लेकिन आपको लगता है कि आप उससे संपर्क नहीं कर सकते। अचानक वही व्यक्ति आपको ईमेल कर देता है या आपकी चौखट पर नज़र आ जाता है। आप पहले जहाँ न जाने की योजना बना रहे थे, वहाँ अचानक जाने का फ़ैसला करके आप अपने भावी जीवनसाथी से मिलते हैं। जब असंभावनाएँ

एक के बाद एक कई गुना होती नज़र आती हैं, जब कारण और परिणाम के सामान्य नियम शिथिल हो जाते हैं, तो यही समकालिकता कहलाती है।

पाउलो कोएलो

मुझे यक़ीन है कि यह सृष्टि पूर्ण है। इसलिए मेरे लिए समकालिकता आपका वह जुड़ाव है जिसके ज़रिये आप ऐसे लोगों से मिलते हैं, जिनसे आपको उस वक़्त मिलने की ज़रूरत होती है, या आप कोई ऐसी चीज़ पढ़ते हैं, जो आपको उस पल पढ़ने की ज़रूरत होती है या फिर आप कोई ऐसी चीज़ करते हैं, जो वहाँ आपका इंतज़ार कर रही है।

एकहार्ट टॉल

मिसाल के तौर पर, आपको अपने काम में जिस व्यक्ति की मदद की ज़रूरत है, ठीक उसी व्यक्ति से टकरा जाना या बिलकुल सही समय पर उसका फ़ोन आना। कोई ऐसी चीज़ जो आपके काम के साथ जुड़ जाती है, चाहे आप जो भी कर रहे हों, और एक सहायक घटक बन जाती है। और आप कारण तथा परिणाम के नियम द्वारा स्पष्ट नहीं कर सकते कि यह कैसे हुआ।

उन संयोगों के बारे में सोचें, जो आपके साथ हुए हैं और खुद से पूछें कि वे कैसे हुए। खुद के लिए अपने आस-पास हो रही समकालिकता में झाँकने का इरादा करें। क्या आप अब अन्य संबंध देख पाते हैं, जिन्हें आप पहले चूक गए थे या जिन्हें आप तब देखना नहीं चाहते थे?

पाउलो कोएलो

लोग कई बार थोड़े डरे हुए होते हैं। वे यह स्वीकार करने से डरते हैं कि अवसर वहाँ उनका इंतज़ार कर रहा है। वे कहते हैं, "अरे, नहीं,

नहीं, इसमें कुछ तुक नहीं है," या वे कहते हैं, "यह ख़तरनाक है, क्योंकि यह अवसर, यह समकालिकता जो अभी-अभी हुई, वह मेरे जीवन को हमेशा-हमेशा के लिए बदल सकती है।" और फिर आप अपने हृदय का आदेश नहीं मानते हैं, आप समकालिकता का आदेश नहीं मानते हैं, आप उसका आदेश नहीं मानते हैं, जो आपके सामने एक संदेश के साथ रखा जाता है : "मेरा अनुसरण करो, मेरी बात सुनो, मैं यहाँ हूँ।" आप ऐसा नहीं करते हैं और इस तरह से आप वे सारी संभावनाएँ गँवा देते हैं, जो समकालिकता आपको दे रही है।

हर बार जब आपको कोई असंभावित अनुभव होता है, तो इसे ज़्यादा गहरे अर्थ वाला अनुभव मानें। सचेत रहते हुए ऐसे सुरागों की तलाश करें, जो आपको उस ज़्यादा गहरे अर्थ के बारे में ज़्यादा बता सकते हों। जब भी आप किसी समकालिक घटना के पीछे के संदेश को समझ लेते हैं, तो आप पुष्टि करते हैं कि आप एक ज़्यादा ऊँची चेतना से जुड़े हुए हैं। जब आप अपनी आत्मा के साथ सामंजस्य में आ जाते हैं, तो डर और शंका की भावनाओं से आपकी राह में रुकावट आने की आशंका बहुत कम होती है।

माइकल बेकविथ

और जब हम समकालिकता की तलाश शुरू करते हैं, जब हम ग़ौर करना शुरू करते हैं कि जीवन का एक अंतरसंबन्ध है, जो हर जगह है - तो कुछ होता है। ऐसा लगता है, जैसे कोई फ़िल्टर हट गया है। और हम ग़ौर करते हैं कि समकालिकता हमारे चारों ओर है, कि यह कोई संयोगवश बनी सृष्टि नहीं है।

समकालिकता के बारे में रोचक बात यह है कि आप इस पर जितना ज़्यादा ध्यान केंद्रित करते हैं, आप इसे उतना ही ज़्यादा आकर्षित करते हैं, आप इसे उतनी ही ज़्यादा बार अनुभव करते हैं। और, जब आप बारंबार हर अनुभव की तलहटी में

अर्थ और संबंध देखने की कोशिश करते हैं, तो आप अपने अंतर्बोध की योग्यताओं को बढ़ा लेते हैं।

सभी संयोग आध्यात्मिक खेल हैं।
— जी.के. चेस्टरटन

भले ही आप किसी समकालिकता के पीछे के संबंधों का अर्थ तुरंत न देख पाएँ, लेकिन इसके बारे में खुद से पूछते रहें। जवाब उस दिन, उस सप्ताह या उस महीने बाद में आपके सामने आ सकता है। जवाब एक और समकालिकता के रूप में भी हो सकता है - शायद अचानक हुई आत्म-अनुभूति या अप्रत्याशित मुठभेड़।

ईज़ाबेल आलिएंदे

मैं मानती हूँ कि हर चीज़ जुड़ी हुई है, कि वहाँ पर मकड़ी के जाल जैसा कुछ बना हुआ है। और मकड़ी के इस जाल में, सृष्टि की हर चीज़ जुड़ी हुई है। अतीत, भविष्य, सृष्टि, ग्रह, जीवन का हर रूप जुड़ा हुआ है।

आपका तार्किक मस्तिष्क आपको सिर्फ़ कारण-परिणाम का संबंध दिखा सकता है, लेकिन आत्मा के ज़्यादा गहरे स्तर पर जुड़ावों का एक ज़्यादा बड़ा जाल कार्यरत होता है। जब आप अपने व्यक्तित्व के पार, अपने अंतर्बोध से, अपने दिल से देखना सीख लेते हैं, तो वे जुड़ाव धीरे-धीरे नज़र आने लगेंगे।

गैरी ज़ुकाव

जब आप बहु-इंद्रिय बन जाते हैं, तो ऐसे अनुभव ज़्यादा होने लगते हैं। और जब आप अपने जीवन में वास्तविक शक्ति उत्पन्न कर लेते हैं, तो आप यह देखने लगते हैं कि आपके अनुभव में कुछ भी आकस्मिक नहीं है। आपके संसार में कुछ भी संयोगवश नहीं होता।

दीपक चोपड़ा

आप यह विचार अनुभव से पाते हैं, जब आप पाते हैं कि आप दरअसल अस्तित्व की पूरी कड़ी, पूरे पारिस्थितिकी तंत्र से जुड़े हुए हैं, कि आप एक आत्मा, एक चेतना का हिस्सा हैं।

अपने हृदय का अनुसरण करें। आपका हृदय जानता है कि आप असीमित रूप से विशाल चेतना का हिस्सा हैं, जिसके ज़रिये आप संभावनाओं की अनंत संख्या तक पहुँच सकते हैं। आपका मस्तिष्क वास्तविकता को छलनी से छानता है, लेकिन आपका दिल एक छिपी हुई योजना और ज़्यादा बड़ी तस्वीर देखता है।

पाउलो कोएलो

जिस पल से आप अपने हृदय का अनुसरण शुरू करते हैं, आपका जीवन चमत्कारों से भर जाएगा।

मार्सी शिमॉफ़

समकालिकताएँ होती हैं। चमत्कार होते हैं। ठीक वही व्यक्ति जिससे आपको आज बात करने की ज़रूरत है, वह आपके सामने आ जाता है। या वह व्यक्ति, जिसके पास आपके सवाल का जवाब होता है, वह अचानक आपको फ़ोन कर देता है। जब आप खुले दिल से जीने लगते हैं, तो चमत्कार होते हैं और आपको उन्हें उत्पन्न करने के लिए कोई प्रयास नहीं करना होता। वे बस प्रयासरहित तरीक़े से अपने आप हो जाते हैं।

समकालिकता दरअसल आपकी पहचान में परिवर्तन की अभिव्यक्ति है, आपके दिमाग़ से आपके दिल में परिवर्तन की। चमत्कार आपके जीवन में नियमित घटना बन जाते हैं। अनुभव के स्तर पर आप अपनी आत्मा के प्रेम और बुद्धिमत्ता के प्रति अधिक से

अधिक जागरूक बन जाते हैं। समकालिकता में जीने का मतलब ऐसा जीवन जीना है, जिसे जीने के लिए आप पैदा हुए थे।

पाउलो कोएलो

समकालिकता एक चमत्कार है। आप जो एकमात्र चीज़ कर सकते हैं, वह है समकालिकता के प्रति ग्रहणशील बनना और ध्यान देना।

डीन श्रॉक

यह सृष्टि का एक नैसर्गिक नियम है : आप खुद को प्रेम के साथ दिशाबद्ध करते हैं और सृष्टि आपको सबसे चमत्कारी तरीक़े दिखाने लगती है।

अपनी पुस्तक *सिनक्रोडेस्टिनी* में दीपक चोपड़ा लिखते हैं कि आपके भीतर ऐसे कायाकल्प हो रहे हैं, जो आपको ज़्यादा ऊँची चेतना से जोड़ सकते हैं और इसके प्राचीन बुद्धिमत्ता में दो संकेत हैं। "पहला लक्षण यह है कि आप चिंता करना छोड़ देते हैं। चीज़ें अब आपको परेशान नहीं करती हैं। आप प्रसन्नचित्त और ख़ुशी से भरपूर हो जाते हैं। दूसरा लक्षण यह है कि आपके जीवन में अधिकाधिक सार्थक संयोग तथा ज़्यादा से ज़्यादा समकालिकताएँ होने लगेंगी। और यह तीव्र होकर उस बिंदु तक पहुँच जाता है, जहाँ आप वास्तव में चमत्कार का अनुभव करते हैं।

एकहार्ट टॉल

जब समकालिक घटनाएँ होती हैं और आपके जीवन में सहायक तत्व आते हैं, तो अक्सर यह बहुत अच्छा संकेत होता है, क्योंकि इसका आम तौर पर यह मतलब होता है कि आप जिस कार्य में भी संलग्न हैं, आप जो भी गतिविधि कर रहे हैं, वह ज़्यादा गहरे आयाम से जुड़ी हुई है।

एक बार जब आप अपनी आत्मा के सामंजस्य में आ जाते हैं और अपने रोज़मर्रा के जीवन के पीछे छिपी योजना के बारे में जागरूक हो जाते हैं, तो आप उल्लेखनीय सिलसिले और अवसर खोज लेते हैं। एक बार जब आप संबंधों के सर्वव्यापी मकड़जाल के बारे में जागरूक हो जाते हैं, तो सबसे महत्त्वहीन घटनाएँ भी अर्थपूर्ण दिखने लगती हैं।

गैरी ज़ुकाव

हम सभी करुणा और बुद्धिमत्ता की सृष्टि में रहते हैं और यह हर उस चीज़ को समाविष्ट करती है, जो हम करते हैं। यह है; चाहे हम उसके बारे में जागरूक हों या न हों। यह है।

समकालिकता का दोहन करना

जब हम वास्तविकता का प्रतिरोध करना छोड़ देते हैं, तो हमारे कर्म सरल, प्रवाहमय, दयालुतापूर्ण और भयमुक्त हो जाते हैं।

— बायरन केटी

यह ढूँढने का इरादा करें कि आपको क्या करने के लिए बनाया गया है, वर्तमान में और दीर्घकाल में। अपना उद्‌देश्य जानकर आप अपने सहज बोध को खोलते हैं और ख़ुद को वे चीज़ें देखने की अनुमति देते हैं, जिनको आपका दिल आपको दिखाना चाहता है। आप एक शाश्वत संपर्क का दोहन करते हैं, जो चीज़ों को आपकी ओर लाता है।

एकहार्ट टॉल

किसी भी प्रयास में ख़ुद से यह पूछना उतना महत्त्वपूर्ण नहीं है, "वह क्या है, जो मैं जीवन में चाहता हूँ?" बेहद महत्त्वपूर्ण तो ख़ुद से यह पूछना है, "वह क्या है, जो जीवन चाहता है कि मैं करूँ? वह क्या है, जो जीवन मेरे ज़रिये व्यक्त करना चाहता है?" आप इसे पूर्ण रूप से इस तरह भी कह सकते हैं : "वह क्या है, जो समग्रता मेरे ज़रिये व्यक्त करना चाहती है?"

या आप इसे दैवी आयाम कह सकते हैं : "वह क्या है, जो हृदय यहाँ सचमुच चाहता है?" और जब आप उसके सामंजस्य में होते हैं, तब यह आपके भीतर से एक बहुत शक्तिशाली आवेग के रूप में उठता है - यह खुद को उत्साह के रूप में प्रकट कर सकता है, यह तनाव के बजाय खुशी से काम करने के रूप में प्रकट होता है। दूसरे शब्दों में : आप वर्तमान पल का पूरी तरह आनंद लेते हैं; आप काम करने का आनंद लेते हैं। इसका मतलब है कि आप अपने भीतर के एक ज़्यादा गहरे स्तर से जुड़े हुए हैं।

आपके व्यक्तित्व के डर भरे हिस्सों का एक ख़ास अजेंडा होता है। आप यह महसूस कर सकते हैं कि आपको एक स्थायी आमदनी और अन्य लाभों वाली नौकरी करते रहना चाहिए, भले ही आपको इसमें संतुष्टि न मिलती हो। आपकी आत्मा का एक भिन्न अजेंडा है और यह इस नौकरी को आपकी अंतिम मंज़िल के रूप में नहीं, बल्कि सीढ़ी की तरह देखती है। यदि आप फँसा हुआ महसूस करते हैं, तो निराश न हों। अपने दिल से जुड़े रहने का इरादा करें। अपने अंतर्बोध की कही बात सुनें, जो आपके सपने और सर्वोच्च मंज़िल की राह पर बने रहने में आपकी मदद करेगा।

एकहार्ट टॉल

जो सारे सृजन का आधार है, उसके साथ, और अपने दिल के साथ सामंजस्य में रहने से अद्‌भुत स्वतंत्रता तथा शक्ति मिलती है। और प्रायः तब आप पाते हैं कि सहायक तत्व शून्य से उत्पन्न होकर आपके जीवन में आ रहे हैं। ये समकालिक घटनाएँ हैं, जो इस बात की पुष्टि करती हैं कि आप उस ज़्यादा गहरे स्तर से जुड़े हुए हैं।

आप जिस काम को करने के लिए पैदा हुए थे, जब आप उसे करने के मार्ग पर पहुँच जाते हैं, तो आप अधिकाधिक समकालिकता का अनुभव करते हैं। समाधान तो प्रेम, सार्थकता और खुशी के उस आयाम द्वारा सहज तरीक़े से और आम तौर पर अप्रत्याशित रूप से हृदय द्वारा पेश कर दिए जाएँगे।

ईज़ाबेल आलिएंदे

मैं सोचती हूँ कि हम हँसी के ज़रिये, ख़ुशी के ज़रिये जुड़ावों के मकड़जाल का दोहन करते हैं। हर चीज़ को गंभीर होने की क्या ज़रूरत है? आध्यात्मिक अभ्यास और प्रेम और हर चीज़ में भारीपन की क्या ज़रूरत है? यह सब ख़ुशी के बारे में है, यह सब प्रेम के बारे में है। जब मैं हँस रही होती हूँ, तब मैं संसार से जितनी ज़्यादा जुड़ी होती हूँ, उतनी कभी नहीं होती। और मैं सोचती हूँ कि यही असल बात है। हमें ख़ुश रहने की ज़रूरत है।

पाउलो कोएलो

मज़े करना बहुत महत्त्वपूर्ण है। अगर आप कोई ऐसा काम कर रहे हैं, जिसमें बहुत अनुशासन की ज़रूरत है, तो उसके बीच में भी आपको इस आनंद की ज़रूरत है। जीवित होने का आनंद। जीवन आनंद है। जीवन प्रेम की ऊर्जा के साथ जुड़ना है। और प्रेम की ऊर्जा का एक बहुत महत्त्वपूर्ण घटक होता है, जो आनंद है।

अपने अंतर्बोध पर विश्वास करने और दिल से काम करने के लिए साहस की ज़रूरत हो सकती है। जब अपने सच्चे उद्देश्य का पीछा करने के लिए आपसे एक सुरक्षित नौकरी छोड़ने का स्पष्ट आह्वान किया जाता है, तो हो सकता है कि क़िस्मत आप पर तुरंत मेहरबान न हो। इससे आप हतोत्साहित हो सकते हैं, लेकिन याद रखें कि चिंता आपके व्यक्तित्व से आती है। अपने हृदय की इच्छा में विश्वास करें। अपने हृदय के कहे मुताबिक़ काम करने के इरादे के सामंजस्य में बने रहें।

माया ऐंजेलू

मैं मानती हूँ कि दिल ही इकलौती चीज़ है, जिस पर हम भरोसा कर सकते हैं।

मैरियन विलियमसन

जीवन में कई बार आप नहीं जानते हैं कि परिवर्तन कैसे करना है। लेकिन आप इसे करने के प्रति समर्पित हैं और आप इसे आवश्यक मानते हैं, तो सिर्फ़ इसी तथ्य से नई संभावनाएँ खुल जाती हैं।

माइकल बेकविथ

एक जीव के रूप में हमारा आध्यात्मिक विकास, प्रगति और आच्छादन दिल और आत्मा पर भरोसा करना सीखने पर निर्भर होता है।

अपने हृदय पर भरोसा करने का मतलब यह अहसास करना है कि आपके हृदय की पहुँच एक ऐसी बुद्धिमत्ता तक है, जो कई बार आपकी बुद्धि से ज़्यादा बड़ी होती है। आपका हृदय अंतर्बोध से बता देता है कि आपके लिए क्या अच्छा है। यदि आप अपने हृदय पर वाक़ई भरोसा करते हैं, तो आप अपने दिमाग़ के अंदर की उस आवाज़ से परेशान नहीं होंगे, जो आपको हतोत्साहित करती है, चिंता में डालती है या आपकी आलोचना करती है। "लेकिन अगर ऐसा हुआ?" जैसे शब्दों से शुरू होने वाले किसी भी सवाल को अधूरा छोड़ दें और अपनी ओर प्रेमपूर्ण दयालुता तथा हृदय की ऊर्जा भेजें।

ईज़ाबेल आलिएंदे

यदि आप हृदय पर भरोसा नहीं करते हैं, तो फिर किस पर भरोसा करेंगे? मेरा मतलब है, आपके पास बस यही तो है। जब भी मुझे कोई निर्णय लेना होता है, तो मैं जानती हूँ कि तार्किक चीज़ यह है कि आप नफ़े-नुक़सान की सूची बनाएँ कि आपको क्या करना चाहिए और क्या नहीं करना चाहिए, और क्या लाभ हैं, क्या नुक़सान हैं। लेकिन मैं ऐसा नहीं करती। मैं तो बस अपनी आँखें बंद कर लेती हूँ, साँस लेती हूँ, साँस छोड़ती हूँ और अपने अंतर्बोध पर भरोसा करती हूँ। अंतर्बोध हृदय की आवाज़ है, जो मुझे बता देगी कि मुझे क्या करना है।

हर निर्णय को, चाहे यह जीवन बदलने वाला हो या महत्त्वहीन, अपने दिल के हवाले कर दें। लेकिन तुरंत और मूर्त परिणामों का त्याग करने के लिए तैयार रहें। आप अपने जीवन के साथ क्या करें, इस सवाल का आपको तुरंत जवाब मिल सकता है, जैसा कि मुझे मिला था, लेकिन हो सकता है कि जवाब को सुनने और समझने के लिए आपको शांति से यह सवाल कई बार पूछना पड़े। आपको जिस जवाब की ज़रूरत है, वह आपको मिलेगा, भले ही यह वह जवाब न हो, जिसकी आप उम्मीद कर रहे हों। कई बार आपको कुछ समय तक अनिश्चितता में जीना होता है, ताकि इस दौरान आत्मा के साथ आपका जुड़ाव मज़बूत और परिपक्व बन सके। अपना सवाल दिल में रखें, अपने सवाल के साथ जिएँ। अपने सवाल को जिएँ।

आपके हृदय में जो भी अनसुलझा है, उस सभी के प्रति धैर्य रखें और सवालों से ही प्रेम करना शुरू करें... अभी जवाब न खोजें, जो आपको इसलिए नहीं दिए जा सकते, क्योंकि आप उनके हिसाब से जीने में कामयाब नहीं हो पाएँगे। और मुद्दे की बात यह है, कि हर चीज़ को जिएँ। सवालों को अभी जिएँ। शायद आप फिर धीरे-धीरे, बिना इस बात पर ग़ौर किए, भविष्य में जवाबों को जीने लगेंगे।

— रेनर मारिया रिल्क

पाउलो कोएलो

ऐसा इसलिए है क्योंकि आपका दिल खुला है और क्योंकि आप सवालों का आनंद लेते हैं, इसलिए नहीं क्योंकि आपके पास इन सवालों के जवाब हैं। जिस पल आप सवालों का आनंद लेने लगते हैं, आप जीवन के लिए अपने द्वार खोल लेते हैं।

यह विश्वास रखें कि आपकी आत्मा के पास आपके लिए अंततः कुछ बेहतर होगा, जिसकी कल्पना भी आपका मस्तिष्क नहीं कर सकता। यह विश्वास होने पर समय के साथ आप अनिश्चितता के साथ जीने में, और शायद इसका आनंद लेने में भी कामयाब होंगे। इस दौरान, जब आप अपने हृदय में अपने विश्वास को बढ़ाते जाते हैं, तो आप अपनी आत्मा के साथ ज़्यादा नियमित संपर्क स्थापित कर लेंगे।

न जानने की भावना के साथ आराम से रहना आपके पास जवाब आने के लिए अत्यंत महत्त्वपूर्ण है।

— एकहार्ट टॉल

लिंडा फ्रांसिस

आपको प्रयोग करना ही होगा। इसे खुद करें। अगर आप अपने जीवन को बदलना चाहते हैं, तो यह बहुत महत्त्वपूर्ण है।

ज़रूरी नहीं है कि शुरुआत में ये प्रयोग बड़े हों। आप पहले-पहल ऐसे निर्णयों में इसे आज़मा सकते हैं, जैसे किसी आमंत्रण को स्वीकार करें या नहीं, या फिर ऑफ़िस या घर जाने के अपने मार्ग को बदलें या नहीं।

उस पर विश्वास करें, जो आपको गहराई से प्रभावित करता हो।

— सैम कीन

अपने हृदय का अनुसरण करने के लिए यह ज़रूरी नहीं है कि आपको अपनी नौकरी छोड़नी पड़े या कठोर निर्णय लेने पड़ें। जैसे ही आप अपने जीवन को अपने हृदय और आत्मा के चारों ओर व्यवस्थित करना शुरू करते हैं, आप रोज़मर्रा की कई स्थितियों में ज़्यादा गहरे अर्थ को भाँप लेते हैं। जीवन के प्रति आपका एक नया उत्साह होता है। आपका हृदय विकास के हर अवसर को जकड़ने के लिए उत्सुक होता है और जब आपके हृदय की शक्ति बढ़ती है, तो आप सृष्टि में अपने अंतर्निहित विश्वास को बनाए रखना ज़्यादा आसान पाते हैं।

गैरी ज़ुकाव

तब बुद्धिमान और करुणामयी सृष्टि आपका रूप बन जाती है और आप उसकी बुद्धिमत्तापूर्ण तथा करुण अभिव्यक्ति बन जाते हैं।

अपने दिल पर भरोसा करने से गहन मानसिक शांति मिलती है। आप दरअसल दोबारा कभी चिंता नहीं करते हैं, क्योंकि आप जानते हैं कि हर चीज़ अपनी नियत दिशा में ही जा रही है।

जो डिस्पेंज़ा

यह एक रोचक पल है, क्योंकि जब हम इस जगह पर आते हैं और इतनी पूर्णता महसूस करते हैं कि हम कभी कोई चीज़ नहीं चाहेंगे, तो यही वह पल होता है जब हम उस जगह पर पहुँचने में कामयाब होते हैं जहाँ हम उस साम्राज्य में होते हैं, जहाँ हम कोई भी चीज़ पा सकते हैं। और जब हम आख़िरकार वहाँ पहुँचते हैं, तो उसे पाने की इच्छा नहीं रह जाती है, और तभी चमत्कार हमारे चारों ओर होने लगते हैं। और सृष्टि का तंत्र नए और असाधारण तरीक़ों से नज़र आने लगता है।

जब आप डर को छोड़ देते हैं, तो आप सृष्टि के साथ चरम जुड़ाव और सामंजस्य की अवस्था में होते हैं। आप अपना सर्वश्रेष्ठ जीवन जी रहे होते हैं।

पाउलो कोएलो

जिस पल से आप हर चीज़ के बारे में उत्साही महसूस करने लगते हैं, आप जान जाते हैं कि आप अपने हृदय का अनुसरण कर रहे हैं।

माइकल बेकविथ

जीवन का विश्वास हमारे भीतर सक्रिय होने लगता है। हमें अहसास होता है कि हम दिल पर विश्वास कर रहे हैं, हम अपनी आत्मा पर विश्वास कर रहे हैं और यह हमें कभी ग़लत राह पर नहीं ले जाती है। और अगले ही क़दम पर हम इसे जान जाते हैं। हम इसे महसूस करते हैं। यह ठीक वहीं है।

जो डिस्पेंज़ा *(बायीं ओर)*

मनन

जो कुछ भी घटित होता है, वह एक सबक़ है

चार्लीन बेलिट्ज़ की पुस्तक *द पावर ऑफ़ फ़्लो* समकालिकता के अनुभवों को बढ़ाने के कई तरीक़े बताती है। चाहे वह छोटा हो या बड़ा, अपने जीवन के किसी निर्णायक मोड़ या किसी अनुभव के बारे में सोचें, जो संयोग जैसा लगता था। ख़ुद से पूछें, "उस घटना से मैंने क्या सीखा? इससे मेरे जीवन में क्या भली चीज़ आई?" जो कुछ भी हो, हर चीज़ को एक सबक़ के रूप में देखें।

दूसरे अच्छे–बुरे अनुभवों और निर्णायक मोड़ों के बारे में सोचें। उनमें से प्रत्येक ने आपको क्या सिखाया? क्या एक अनुभव दूसरे अनुभव की ओर ले गया? यह अच्छा था या बुरा? क्या आपको उस दिशा में जाने के लिए निर्देशित किया गया था? इन घटनाओं में आप क्या समानता देखते हैं? इनसे आप कौन से सबक़ ग्रहण कर सकते हैं? क्या आप अब ऐसे संबंध देखते हैं, जिन्हें पहले आप नहीं देख पाए थे? क्या आप अपनी सीखी हुई बात पर वर्तमान में और निकट भविष्य में काम करने का कोई तरीक़ा देखते हैं?

अपने दिल से पूछें कि दूसरों के साथ कैसे जुड़ना है। इससे आपके और दूसरों के जीवन में समकालिकताएँ उत्पन्न हो जाएँगी। आपको अंतर्बोध के जो संदेश मिलते हैं, उन्हें सुनें और उन पर काम करें।

यदि आप सुनने को तैयार हों, तो अब अपना उद्देश्य खोजने का इरादा तय कर लें। ख़ुद से पूछें, "जीवन मुझसे क्या चाहता है? मेरा हृदय क्या चाहता है कि मैं क्या करूँ?"

खंड 3

संसार में हृदय

मनुष्य के रूप में हमारी महानता संसार के पुनर्निर्माण में सक्षम होने में उतनी नहीं है... जितनी कि खुद के पुनर्निर्माण में सक्षम होने में है।

— गाँधी

11. धन और करियर

यदि आप सफलता पर ध्यान केंद्रित करते हैं, तो आपको तनाव होगा। लेकिन यदि आप उत्कृष्टता का अनुसरण करते हैं, तो सफलता तय है।

— दीपक चोपड़ा

धन आदान-प्रदान का साधन है। यह वस्तुओं और सेवाओं के हस्तांतरण को सुगम बनाने वाला साधन है। लेकिन कई लोगों के लिए यह सफलता की परिभाषा बन जाता है। हालाँकि यह भोजन और आवास जैसी बुनियादी ज़रूरतें पूरी करने के लिए बेशक महत्त्वपूर्ण है, लेकिन धन एक बाहरी शक्ति है, जो जीवन की चुनौतियों से आपकी रक्षा करने के लिए अंततः कुछ नहीं कर सकता। यह आपके जीवन का उद्देश्य खोजने में आपकी कोई मदद नहीं कर सकता। धन का आपकी खुशी पर बहुत ही सीमित प्रभाव होता है। वैज्ञानिक शोध पुष्टि करते हैं कि आपके सुख के अहसास पर धन का प्रभाव काफ़ी सीमित होता है और 75,000 डॉलर से ज़्यादा की सालाना आमदनी आपको वर्तमान से ज़्यादा खुश नहीं बनाएगी।

दीपक चोपड़ा

हमारे सामने आर्थिक संकट इसलिए है, क्योंकि हमने एक ऐसी अर्थव्यवस्था बनाई है, जो झूठी बुनियाद पर आधारित है। सबसे पहले, आर्थिक संकट इसलिए उत्पन्न हुआ, क्योंकि हम वह पैसा ख़र्च कर रहे थे, जिसे हमने कमाया नहीं था, उन चीज़ों को ख़रीदने के लिए जिनकी हमें ज़रूरत नहीं थी, उन लोगों को प्रभावित करने के लिए जिन्हें हम पसंद नहीं करते थे। और यह सब "मैं" और "मेरे" बारे में था। हमारा पूरा आर्थिक तंत्र केसीनो मानसिकता पर आधारित था : 2.9 ट्रिलियन डॉलरों के डेरिवेटिव्ज़, जो पूरे संसार के बाज़ारों में घूम रहे हैं, उनमें से 2 प्रतिशत ही दरअसल समाज को किसी तरह का लाभ पहुँचाने वाले थे। 2.9 ट्रिलियन डॉलरों के 2 प्रतिशत से भी कम, हर दिन।

आपका सच्चा स्व कभी भी पैसे के संचय को अपने आप में लक्ष्य नहीं मानेगा। यह तो उसे किसी ज़्यादा बड़ी चीज़ का सह-उत्पाद, दिल का अनुसरण करने का परिणाम ही मानेगा। आपके हृदय का सरोकार पैसा कमाने से कम और आपके जीवन में प्रचुरता - प्रचुर संतुष्टि, प्रेम और ख़ुशी - लाने से ज़्यादा होता है।

द सेवन स्पिरिचुअल लॉज़ ऑफ़ सक्सेस में दीपक चोपड़ा लिखते हैं, "सफलता के कई पहलू हैं; भौतिक दौलत केवल एक पहलू है... सफलता में अच्छा स्वास्थ्य, जीवन में ऊर्जा और उत्साह, संतुष्टिदायक संबंध, सृजनात्मक स्वतंत्रता, भावनात्मक और मनोवैज्ञानिक स्थिरता, कल्याण का एक अहसास और मन की शांति भी शामिल है।"

पाउलो कोएलो

सफलता क्या है? सफलता दौलत और शोहरत है? नहीं। सफलता तो वह है, जब आप रात को बिस्तर पर सोने जाते हैं और कहते हैं : "वाह, मैं

ख़ुश हूँ। हे मेरे ईश्वर, मैं शांति से सो सकता हूँ।"

अपने सबसे छोटे कार्यों को भी अपने हृदय, मस्तिष्क और आत्मा से करें। यही सफलता का रहस्य है।

— स्वामी शिवानंद

रूडिगर शाख़े

आपके हृदय या आपकी आत्मा के दृष्टिकोण से पैसा सिर्फ़ कुछ अनुभवों के लिए ज़रूरी होता है, जिन्हें आप अपने जीवन में हासिल करना चाहते हैं। आपके हृदय की पैसे में कोई रुचि नहीं है। लेकिन कई बार पैसा आपकी राह पर चलने में मदद करता है, इसलिए यह एक महत्त्वपूर्ण चीज़ है, हालाँकि यह सबसे महत्त्वपूर्ण चीज़ नहीं है।

जब आपके काम पैसे से नहीं, बल्कि आनंद, संतुष्टि, सद्भाव और ज़्यादा बड़ी अच्छाई के प्रति योगदान देने की इच्छा से संचालित होते हैं, तभी सृष्टि उनका समर्थन करती है। फिर आप अपने दिल से काम करते हैं।

गैरी ज़ुकाव

यदि आप ज़्यादा पैसे इसलिए चाहते हैं (या अगर आप कोई दूसरी नौकरी पाना चाहते हैं), ताकि आप वे उपहार ज़्यादा दे सकें, जिन्हें देने के लिए आप पैदा हुए थे, तो यह बाहरी शक्ति का पीछा करना नहीं है।

मित्रता, विश्वास, ईमानदारी और करुणा जैसे आंतरिक आदर्श पैसे से बहुत ज़्यादा विश्वसनीय हैं - वे हमेशा ख़ुशी और शक्ति प्रदान करते हैं।

— दलाई लामा

एकहार्ट टॉल

अगर पैसे कमाना आपका प्राथमिक लक्ष्य बन जाता है, तो जान लें कि आप अपने भीतर के सबसे गहरे आयाम से नहीं जुड़े हैं, जिसे हम हृदय कहते हैं। इसलिए पैसे कमाने का लक्ष्य जीने का सही तरीक़ा नहीं है। भले ही आप अपना आर्थिक लक्ष्य हासिल कर लें और बहुत सारा पैसा कमा लें, लेकिन आप पाएँगे कि अंततः यह कुंठा और नाखुशी की ओर ले जाता है। इसका मतलब यह नहीं है कि पैसा क़तई आध्यात्मिक नहीं है। मामला यह नहीं है। ऐसा अक्सर होता है कि जब आपके कार्य शक्तिशाली बन जाते हैं और इस संसार में किसी अत्यंत महत्त्वपूर्ण चीज़ का योगदान देते हैं, तो प्रचुरता किसी न किसी रूप में - और यह पैसे के रूप में भी हो सकती है - बहुधा आपकी ओर प्रवाहित हो सकती है। चूँकि आपके ज़रिये इस संसार में ऊर्जा का इतना वृहद उत्पादन होता है, इसलिए संसार आपको पलटकर देता है।

जब आप व्यक्तिगत उत्साह को उत्कृष्टता की इच्छा से मिला देते हैं, तो लोग आपके कार्यों पर ग़ौर करते हैं और उनकी प्रशंसा करते हैं। पुरस्कार तुरंत मिलता है और कई बार तो प्रचुरता में मिलता है। और चूँकि आप अपना सर्वश्रेष्ठ जीवन जी रहे हैं, इसलिए इस बात की अच्छी संभावना है कि पैसा भी देर-सबेर आएगा, हालाँकि इस बात की कोई गारंटी नहीं है कि कितना आएगा।

पाउलो कोएलो

आप सही राह पर हैं या नहीं, यह बताने का आपके दिल का एक बहुत अच्छा तरीक़ा है। इसे उत्साह कहा जाता है। उत्साह एक यूनानी शब्द से आता है, जिसके मूल में थियॉस है - जो कि धर्मशास्त्र (थियोलॉजी) शब्द का भी मूल है। उत्साह आपके हृदय में ईश्वर की अभिव्यक्ति है। इसलिए जिस पल आप हर चीज़ के बारे में

उत्साहित महसूस करते हैं - भले ही वह चीज़ आपके तार्किक संसार में सटीक न बैठती हो - आप जान जाते हैं कि आप अपने दिल का अनुसरण कर रहे हैं। और जिस पल से आप अपने दिल का अनुसरण करने लगते हैं, आपका जीवन चमत्कारों से भरपूर होगा। और आप आस-पास देखकर कहते हैं, "हे भगवान, मुझे मज़ा आ रहा है।"

आप केवल उसी चीज़ में सचमुच सफल बन सकते हैं, जिससे आप प्रेम करते हैं। पैसे को अपना लक्ष्य न बनाएँ। इसके बजाय उन चीज़ों का पीछा करें, जिन्हें करने से आप प्रेम करते हैं, और फिर उन्हें इतनी अच्छी तरह करें कि लोग आपसे नज़रें न हटा पाएँ।

— माया ऐंजेलू

पाउलो कोएलो

मिसाल के तौर पर, जब मैंने लिखना शुरू किया, तो मैंने कभी नहीं सोचा था कि मैं लेखन से अपनी रोज़ी-रोटी कमाऊँगा। मैं इसलिए लिख रहा था, क्योंकि मैं यह करना चाहता था, मेरे पास कोई विकल्प नहीं था। अंततः मैंने लिखने से न सिर्फ़ पैसा कमाया, बल्कि ढेर सारा पैसा कमाया। और हर कोई कहता है, "अगर पाउलो कोएलो ऐसा कर सकते हैं, तो हम भी कर सकते हैं।"

जब आप वर्तमान पल से जुड़े रहते हैं, तो आपको पूर्णता और प्रचुरता का अहसास होता है।

एकहार्ट टॉल

ईसा मसीह ने इसे जीवन की पूर्णता कहा था। वे वस्तुओं की, सामान की प्रचुरता के बारे में बात नहीं कर रहे थे। ज़्यादा गहरे स्तर पर देखें, तो प्रचुरता सामान के बारे में नहीं होती। प्रचुरता

आपमें अंतर्निहित होती है, दिल के साथ एकात्म होती है, क्योंकि यह जीवन की ही प्रचुरता है, सृजनात्मक सिद्धांत है, आपके भीतर की सृजनात्मकता, स्त्रोत और सजीवता है।

आप पर भौतिक प्रचुरता की बारिश की जा सकती है, लेकिन अपनी पूर्णता के लिए आपको इसकी ज़रूरत नहीं है। सबसे ज़्यादा मायने यह रखता है कि आप कोई ऐसी चीज़ करें, जो आपके हृदय के क़रीब हो, जो आपके हृदय की गति को तेज़ कर देती हो। संभावना इस बात की है कि ऐसा करने पर आप संतुष्ट और पुरस्कृत महसूस करेंगे तथा पुरस्कारों की फ़सल काटेंगे।

दीपक चोपड़ा

ख़ुशी और सफलता सार्थक लक्ष्यों की क्रमवार प्राप्ति। ख़ुशी प्रेम करने और करुणा रखने की योग्यता भी है। ख़ुशी सृष्टि के सृजनात्मक रहस्य के साथ जुड़ाव का अहसास है, जिसे हम ईश्वर कहते हैं।

वर्जिन समूह के संस्थापक सर रिचार्ड ब्रेन्सन ने कहा है, "अगर आप सोचते हैं 'मैं बहुत सारा पैसा कैसे कमा सकता हूँ, आइए अकाउंटेंट्स को बुलाकर हम बिज़नेस प्लान बना लेते हैं,' तो यह ग़लत तरीक़ा है। आपके अकाउंटेंट्स का एक समूह कहेगा, 'हाँ, आप बहुत सारा पैसा कमा सकते हैं' और दूसरा समूह उसी जानकारी के आधार पर कहेगा, 'आप बहुत सारा पैसा गँवा देंगे।' यह आपके दिल से होना चाहिए और कुछ ऐसा करें, जिसके बारे में आप जोशीले हों, जो आपका शौक बनने वाला हो। तब इसके सफल होने की संभावना होती है।"

पाउलो कोएलो

मैं सोचता हूँ कि सबसे पहले "अपना सपना पूरा करो" सोचना बहुत महत्त्वपूर्ण है। इसके बाद ही यह सोचें, "पैसा आ सकता है।" इससे

दीपक चोपड़ा *(दायीं ओर)*

यह होगा कि अगर पैसा न भी आए, तब भी आपके पास ख़ुशी से, आनंद से भरा जीवन होगा। और आख़िरकार, जब पैसा आए, तो उसके प्रति ज़िम्मेदार बनें और ख़ुद को एक मिसाल बनाएँ। ध्यान रखें, जीवन राय देने से नहीं बदलता है; जीवन तो मिसालों से बदलता है।

अपने दिल की बात सुनकर अपना सपना पूरा करें। याद रखें : सपनों की कोई डेडलाइन नहीं होती। जो आप कर सकते हों, करें और यह ध्यान रखें कि जब चीज़ें प्रतिकूल होती नज़र आ रही हों, तो उसका एक कारण होता है; सृष्टि की योजनाएँ आपकी कल्पना से बहुत ज़्यादा दूर तक जाती हैं। अगर आपका इरादा सचमुच आत्मा में उत्पन्न होता है, तो सृष्टि आपके हर काम का पूरा समर्थन करेगी और पैसा तथा प्रचुरता के दूसरे रूप भी आपकी राह में आ जाएँगे।

पैसे की कमी आपको तभी परेशान करती है, जब आप अपनी आत्मा से विभक्त हों। उस संपर्क को दोबारा स्थापित कर दें; सृष्टि की प्रचुरता आपकी राह में दोबारा प्रवाहित होने लगेगी। जब आप सचमुच हृदय की शक्ति के आश्रित हो जाते हैं, तो आप अंततः उस नाटक के एक अनूठे हिस्से में चमकते नज़र आएँगे, जिसका निर्देशन सृष्टि कर रही है।

दीपक चोपड़ा

इस झमेले से बाहर निकलने के लिए ख़ुद से पूछें, "मेरी अनूठी योग्यताएँ क्या हैं? मैं मानवता की सेवा कैसे करूँ?" कभी-कभार कोई ऐसी चीज़ करें, जो ख़ुद की ख़ातिर न हो। कभी-कभार कोई ऐसी चीज़ करें, जो व्यवसाय के बारे में न हो और आप देखेंगे कि आपका व्यवसाय भी बेहतर बन जाता है। आप कष्ट से बाहर निकलना चाहते हैं? तो सच्ची अर्थव्यवस्था बनाएँ और सच्ची अर्थव्यवस्था वह है, जो आपके हृदय से आती है।

यदि आप पैसे के बजाय हृदय की शक्ति को अपनी सफलता का पैमाना बना लेते हैं, तो मतलब आप अपने जोश और अपने सच्चे ईश्वरीय आह्वान का पीछा कर रहे होंगे। आपको कम चिंता और तनाव होगा, आपका कार्य-जीवन संतुलन बेहतर होगा, अपने जीवनसाथी, परिवार और मित्रों के लिए आपके पास ज़्यादा समय रहेगा। जब आप पलटकर अपने जीवन को देखेंगे, तो आपके पास घटनाओं की एक लंबी सूची रहेगी और कोई अफ़सोस नहीं रहेगा।

एकहार्ट टॉल

और जब आप इस तरह काम करते हैं कि अब आप अपने काम से पूर्णता नहीं चाहते हैं, बल्कि आप तो बस काम का आनंद ले रहे हैं। इसका मतलब है कि यह शक्तिशाली है। और जब ऐसा हो जाता है, तो कुछ समय बाद अचानक आप पर भौतिक प्रचुरता की बारिश आसानी से हो सकती है। लेकिन आपको तब उसकी ज़रूरत ही नहीं रह जाती।

हृदय की अर्थव्यवस्था

पहले लोग, फिर पैसा, फिर अन्य वस्तुएँ।
— सूज़ी ऑरमन

अकैडमी ऑफ़ अचीवमेंट नामक एक ग़ैर-लाभकारी संगठन है, जो युवा उद्यमियों को प्रेरित करने के लिए पूरे संसार के शीर्षस्थ लोगों को आमंत्रित करता है। 2006 में वॉशिंगटन, डी.सी. में एक ऐसे ही कार्यक्रम में फ़िल्म निर्देशक स्टीवन स्पीलबर्ग ने भाषण दिया। उन्होंने कहा, "जब आपके पास कोई सपना आता है, तो यह अक्सर आपके कानों में ज़ोर-ज़ोर से चिल्लाते हुए नहीं आता है, कि 'तुम दरअसल यह हो, तुम्हें जीवन में दरअसल यह बनना चाहिए।' कई बार सपना लगभग फुसफुसाकर बोलता है। मैंने हमेशा अपने बच्चों से कहा है, 'आपके अंतर्बोध की आवाज़ सुनना सबसे मुश्किल होता है, क्योंकि आपका मानवीय व्यक्तिगत सहज बोध हमेशा फुसफुसाकर बोलता है। यह कभी नहीं चिल्लाता है। इसे सुनना बहुत कठिन होता

है। यह आपके कान में जो भी फुसफुसाता है, उसे सुनने के लिए आपको अपने जीवन के हर दिन तैयार रहना होता है। यह शायद ही कभी चिल्लाता है। अगर आप फुसफुसाहट को सुन सकते हैं, अगर यह आपके हृदय को सक्रिय कर देता है, और अगर यह कोई ऐसी चीज़ है, जिसे आप अपने बाक़ी जीवन भर करना चाहते हैं, तो आप अपने बाक़ी जीवन में इसे ही करते रहें। और आप जो करते हैं, उस हर चीज़ से लाभ होगा।'"

जीवन में हर व्यक्ति का उद्देश्य होता है... दूसरों को देने के लिए ख़ास योग्यता का एक अनूठा उपहार। और जब हम इस अनूठी योग्यता को दूसरों की सेवा के साथ मिला देते हैं, तो हम अपनी आत्मा के परम आनंद और उल्लास का अनुभव करते हैं, जो सभी लक्ष्यों में चरम लक्ष्य है।

— दीपक चोपड़ा, *द सेवन स्पिरिच्युअल लॉज़ ऑफ़ सक्सेस*

पाउलो कोएलो

आपको अपने जीवन में क्या करना चाहिए, आप इसका पता लगा सकते हैं, बशर्ते आप अपने दिल की आवाज़ सचमुच सुनें।

क्या आप सही मार्ग पर हैं, इस सवाल का जवाब आपका मस्तिष्क आपको नहीं दे सकता। शायद आपके पास एक ऐसी नौकरी है, जिसके दूसरे केवल ख़्वाब देख सकते हैं, लेकिन फिर भी आपको महसूस होता है कि आप ग़लत जगह पर हैं, अपनी कंपनी की संस्कृति या मूल्यों के साथ संघर्षरत् हैं। आपको बस महसूस होता है कि आप ग़लत पेशे में आगे बढ़ रहे हैं।

गैरी ज़ुकाव

हम सभी ये सवाल पूछते हैं, "मैं यहाँ क्या करने के लिए हूँ? जीवन में मेरा मिशन क्या है?" हम उद्देश्य की तलाश कर रहे हैं, लेकिन जब हम अपने दिल खोल लेते हैं, तो उद्देश्य हमें खोज लेगा।

यदि यह भावना और ये सवाल आपके जीवन का हिस्सा हैं, तो आपका हृदय आपसे बात कर रहा है और सही मार्ग खोजने में आपकी मदद करने की कोशिश कर रहा है। इसीलिए एक ग़लत मोड़ भी अक्सर सही मार्ग खोजने में आपकी मदद करेगा। जब आपका दिल आपसे बोलता है, तो यह उस मार्ग के विवरण उजागर करता है, जो आपके लिए सचमुच उपयुक्त है, एक ऐसा मार्ग जो ज़्यादा बड़ी तस्वीर में आपको अपनी जगह तक ले जाता है।

हॉवर्ड मार्टिन

जब आप अपना हृदय खोलते हैं, तो आप सामान्य तार्किक बुद्धि से बहुत ज़्यादा हासिल करते हैं। आप अपने अंतर्बोध जैसी चीज़ों तक पहुँच हासिल करते हैं। आप संवेदनशीलता के एक नए स्तर तक पहुँच हासिल करते हैं। आप चीज़ों के बीच भेद करने की योग्यता तक पहुँच हासिल करते हैं। आप ज़्यादा स्पष्टता से चीज़ों की तह में देखने की योग्यता भी हासिल करते हैं।

कई बार आपका हृदय आपको अपने कामकाजी परिवेश के बाहर संतुष्टि खोजने को कहेगा। ऐल्बर्ट आइंस्टाइन स्विस पेटेंट ऑफ़िस में युवा क्लर्क थे। अपने सच्चे जोश भौतिकी का पीछा करने के लिए उन्हें ऑफ़िस के बाद के समय का इंतज़ार करना होता था। बाद में जाकर ही वे इसे पेशेवर रूप से कर पाए। हालाँकि आइंस्टाइन तार्किक थे, लेकिन एक बार उन्होंने कॉमन सेंस की परिभाषा इस तरह दी थी, "पूर्वाग्रहों का संग्रह, जो अठारह साल की उम्र तक हासिल कर लिया जाता है।"

ज्ञान से अधिक महत्त्वपूर्ण है कल्पना, क्योंकि हालाँकि ज्ञान हर उस चीज़ को परिभाषित करता है, जिसे हम जानते और समझते हैं, लेकिन कल्पना उस सबकी ओर संकेत करती है, जिसे हम अब भी खोज और बना सकते हैं।

— ऐल्बर्ट आइंस्टाइन

द बुक ऑफ़ अवेकनिंग में कवि और संस्मरण-लेखक मार्क नीपो किशोरावस्था में

अपने संघर्षों के बारे में लिखते हैं, जब उनके माता-पिता चाहते थे कि वे उनके चुने हुए पेशों में जाएँ। उनकी माँ चाहती थीं कि वे वकील बनें, उनके पिता चाहते थे कि वे आर्किटेक्ट बनें। लेकिन नीपो कवि बनना चाहते थे - या शायद इसकी उन्हें ज़रूरत थी, क्योंकि "इसमें कोई चीज़ थी, जो मुझमें जान डाल देती थी।"

नीपो एक रहस्यवादी का उद्धरण देते हैं : "मछली पानी में डूब नहीं सकती। पक्षी हवा में गिरते नहीं हैं। ईश्वर ने जिस भी प्राणी को बनाया है, उसे अपनी खुद की सच्ची प्रकृति में रहना चाहिए।"

हममें से हर एक को जीने के लिए अपना सच्चा तत्व खोजना चाहिए, दूसरे शब्दों में हमारा खुद का सच्चा स्व और आह्वान।

मानव होने की आंशिक नियामत और चुनौती यह है कि हमें अपनी सच्ची ईश्वर-प्रदत्त प्रकृति खोजनी चाहिए... एक आंतरिक आवश्यकता। क्योंकि अपने ख़ुद के तत्व में जीकर ही हम तनावरहित रूप से समृद्ध हो सकते हैं। और चूँकि इंसान ही एकमात्र जीव है, जो डूब सकता है और फिर भी काम पर जा सकता है, इकलौती प्रजाति है जो आसमान से गिर सकती है और फिर भी कपड़ों की तह कर सकती है, इसलिए यह अनिवार्य है कि हम उस अत्यावश्यक तत्व को खोज लें, जो हममें जान फूँकता है... सच्ची जीवन शक्ति, जो सारे पेशों के नीचे हमारे दोहन करने का इंतज़ार करती है, बशर्ते हम खोज सकें कि हम किस चीज़ से प्रेम करते हैं। यदि आप ऊर्जा, रोमांच और यह अहसास महसूस करते हैं कि जीवन पहली बार घटित हो रहा है, तो आप शायद अपनी ईश्वर प्रदत्त प्रकृति के क़रीब हैं। हम जो करते हैं, उसमें ख़ुशी एक अतिरिक्त लक्षण नहीं है; यह तो गहरे स्वास्थ्य का लक्षण है।

— मार्क नीपो, *द बुक ऑफ़ अवेकनिंग*

सृष्टि चाहती है कि आप वह करें, जिसे करने के लिए आपको बनाया गया है। हर व्यक्ति का एक उद्देश्य होता है : वह जिसे आप उत्कृष्टता से करते हैं और जिससे आपको खुशी मिलती है। यह मिशन या उद्देश्य हर व्यक्ति के लिए अलग होता है। इसमें विकलांग बच्चों को पढ़ाने से लेकर बुजुर्गों की देखभाल करने, या जनता की सेवा करने या किसी मल्टीनैशनल कॉरपोरेशन का मुखिया बनने तक कुछ भी शामिल हो सकता है। हम सभी का एक मिशन या उद्देश्य होता है, जिसे खोजने का काम भी हमें ही सौंपा गया है।

माइकल बेकविथ

हममें से प्रत्येक व्यक्ति उपहार लेकर इस जीवन में आता है। आत्मा के उपहार। ऐसे उपहार जिन्हें केवल हम दे सकते हैं, क्योंकि हम असीम शक्ति की अनूठी अभिव्यक्तियाँ हैं। जब हम समाज की चटर-पटर को नहीं, संसार के शोरगुल को नहीं, बल्कि अपने हृदय की आवाज़ को सुनना शुरू करते हैं, तो हम अपने उपहारों को मुक्त कर देते हैं। हम वह कर पाते हैं, जिसे करने के लिए हमें बुलाया गया था।

रूडिगर शाख़े

जब हम अपने हृदय को सक्रिय कर देते हैं या इससे जुड़ जाते हैं, तो जीवन में हमारा उद्देश्य स्पष्ट क्यों हो जाता है? ऐसा इसलिए है, क्योंकि यहाँ, हृदय के इस क्षेत्र में एक द्वार है और यह आपकी आत्मा का द्वार है। इस द्वार से जो सुनाई देता है, अगर आप उसे सुनते हैं, तो आप अपनी आत्मा के मार्ग का ज़्यादा से ज़्यादा अनुसरण करेंगे। और अगर आप अपनी आत्मा के मार्ग का अनुसरण कर रहे हैं, तो जीवन में आपका उद्देश्य पूरी तरह से स्पष्ट होगा।

अपने मिशन को बेहतर तरीक़े से समझने के लिए आपको ख़ुद से कई सवाल पूछने की ज़रूरत हो सकती है। इन सवालों के जवाब आपके सच्चे स्व की बेहतर समझ की ओर ले जाएँगे।

दीपक चोपड़ा

अपने हृदय से कई सवाल पूछें। मैं कौन हूँ? मैं क्या चाहता हूँ? जीवन में मेरा उद्देश्य क्या है? इतिहास, पौराणिक कथाओं, धर्म में मेरे नायक-नायिकाएँ कौन हैं? मैं किसी अच्छे मित्र में किन गुणों

की तलाश करता हूँ? वे कौन से गुण हैं, जिनका योगदान मैं एक अच्छे संबंध में देता हूँ? मेरी अनूठी योग्यताएँ और गुण क्या हैं? मैं मानवता की सेवा करने के लिए इनका इस्तेमाल कैसे करूँ?

दीपक के प्रश्नों का जवाब देने के लिए कुछ देर का समय लें। आप इन जवाबों को लिख भी सकते हैं, ताकि आप बाद में उन पर नज़र डाल सकें।

जब आप उस मार्ग का अनुसरण करते हैं, जो आपके आंतरिक परिवहन तंत्र ने आपके लिए बनाया है, तो आप ख़ुद को एक ऐसा पेशेवर मोड़ मुड़ते हुए पा सकते हैं, जो तार्किक दृष्टि से समझ नहीं आता है, एक ऐसा मोड़ जो आपको ऊबड़-खाबड़, अँधेरी सड़कों की ओर ले जाता है। बहरहाल, आप जानते हैं कि आपको यह करने की ज़रूरत है। आपका हृदय स्पष्ट कर देता है कि आपके पास कोई दूसरा विकल्प नहीं है। इस बारे में चिंता न करें कि दूसरे लोग क्या सोचते हैं, बस अपनी आंतरिक आवाज़ को ग़ौर से सुनें। जब आप वह करते हैं, जिसे करने के लिए आप पैदा हुए थे, तो आपकी तक़दीर स्पष्ट है। जब आप वह करते हैं, जिसे करने के लिए आप पैदा हुए थे, तो आप कमज़ोर महसूस नहीं करेंगे, बल्कि ऊर्जा से भरपूर महसूस करेंगे।

मैं हमेशा एक अमीर व्यक्ति था, क्योंकि पैसे का संबंध ख़ुशी से नहीं है।
— पाउलो कोएलो

मैरियन विलियमसन

यह भीतर कहीं गहराई से आता है : मानव आत्मा से। और यह कह रहा है, "उस रास्ते जाओ और तुम्हारा हृदय तुम्हारा मार्गदर्शन करेगा।"

अपने हृदय की आवाज़ सुनकर ही पता लगेगा कि आप यह सब किसके लिए कर रहे हैं। जब आप अपने सच्चे मिशन या उद्देश्य को हासिल कर रहे होते हैं, तो आपको इसका पता चल जाएगा। आपको यह उस असीम आनंद से पता चलेगा, जो आपको काम करते समय मिलता है।

मनन

आपका आह्वान

अपने मिशन को बेहतर तरीक़े से समझने के लिए ख़ुद से नीचे दिए सवाल पूछें :

- मैं कौन हूँ?
- मैं क्या चाहता हूँ?
- मेरा सच्चा तत्व क्या है?
- मेरा हृदय मुझे क्या चाहने और करने के लिए मार्गदर्शन देता है?
- मेरे जीवन का उद्देश्य क्या है?
- इतिहास, साहित्य और किंवदंती या धर्म में मेरे नायक–नायिकाएँ कौन हैं? यह क्या है, जो मैं उनके बारे में सबसे ज़्यादा पसंद करता हूँ?
- मेरी अनूठी योग्यताएँ और गुण क्या हैं?
- मैं किसी ज़्यादा बड़े उद्देश्य के लिए इन अनूठी योग्यताओं और गुणों का इस्तेमाल कैसे कर सकता हूँ?

उस मार्ग का अनुसरण करने के लिए पर्याप्त बहादुर बनें, जिसका नक़्शा आपके हृदय और आत्मा ने आपके लिए बनाया है, भले ही यह असामान्य दिखता हो या दूसरे इसका विरोध करते हों। यह ध्यान रखें कि जब आप उसका अनुसरण करते हैं, जिसे करने के लिए आप पैदा हुए थे, तो आपकी तक़दीर ख़ुद को प्रकट कर देगी – भले ही इसमें समय लगे।

मदद के लिए आप तोशा सिल्वर की यह मुझे बदल दो प्रार्थना दोहरा सकते हैं :

हे दैवी शक्ति, मुझे ऐसे व्यक्ति में बदलो, जो जाग्रत रहता है और पूरी तरह याद रखता है कि मैं दरअसल कौन हूँ : हर चीज़ जिसका मैं सामना करता हूँ... मुझे मेरे लिए दैवी योजना को आमंत्रित करने दो और इस जीवन का उपयोग सर्वोच्च भलाई के लिए करने दो। मुझे दैवी सेवा में जीने दो... हे दैवी शक्ति, मुझे ऐसे व्यक्ति में बदलो, जो जानता हो कि यह कैसे करना है!

12. स्वास्थ्य का हृदय

हृदय हज़ार धागों वाला यंत्र है, जिसका सुर केवल प्रेम से ही मिलाया जा सकता है।

— हफ़ीज़

अपने हृदय के साथ जुड़ना आपके शारीरिक, भावनात्मक और आध्यात्मिक स्वास्थ्य के लिए महत्त्वपूर्ण है। आपके हृदय की धड़कन और भावनात्मक अवस्था आपस में जुड़ी हुई हैं। जब आप डर, क्रोध या कुंठा जैसी नकारात्मक भावनाओं का अनुभव करते हैं, तो आपके दिल की धड़कन आंदोलित और अनियमित हो जाती है। जब आप प्रेम, ख़ुशी या प्रशंसा जैसे सकारात्मक भावों का अनुभव करते हैं, तो आपकी धड़कन शांत और हल्की हो जाती है।

दीपक चोपड़ा

दूसरे शब्दों में, आपका हृदय चेतना की विभिन्न अवस्थाओं में शारीरिक दृष्टि से भिन्न होता है। यदि आप डर में जी रहे हैं, तो हृदय का तंत्र उससे बहुत अलग होता है जब आप प्रेम में, करुणा में, दयालुता में या समबुद्धि में होते हैं।

वैज्ञानिक शोध ने दर्शाया है कि जब आपके हृदय की लय शांत और सामंजस्यपूर्ण होती है, तो आपका शरीर बेहतर संतुलन में होता है, जिससे आपका स्वास्थ्य बेहतर होता है।

हॉवर्ड मार्टिन

यह स्पष्ट है कि हृदय के साथ जुड़े भाव हमारे लिए स्वस्थ होते हैं। वही हैं, जो नवीनीकरण करते हैं। क्रोध जैसी नकारात्मक भावनाओं के प्रभाव पर बहुत से अध्ययन हुए हैं। वे हमारे लिए अच्छे नहीं होते। हमने परवाह जैसी चीज़ों पर जो अध्ययन किए हैं, वे दिखाते हैं कि हृदय से जुड़ी भावनाएँ ज़्यादा रखने से एक जीवनदायी प्रभाव उत्पन्न होता है। परवाह, क़द्र, प्रेम, ये भावनाएँ हमें नया बनाती हैं। वे हमारे स्वास्थ्य के लिए अच्छी होती हैं। वे हमारे शरीर में हॉरमोन संबंधी परिवर्तन करती हैं, जो लंबे समय तक क़ायम रहते हैं। ख़ून उलीचने के अलावा भी हृदय का शरीर पर बहुत प्रभाव होता है। यह मस्तिष्क की कार्यविधि, हॉरमोन के स्त्राव और प्रतिरक्षण तंत्र की प्रतिक्रिया को प्रभावित करता है। हृदय सभी प्रमुख शारीरिक तंत्रों पर असर डालता है।

न सिर्फ़ आपका स्वास्थ्य आपके हृदय के लिए अत्यंत महत्त्वपूर्ण है, बल्कि आपका हृदय भी आपके स्वास्थ्य के लिए अत्यंत महत्त्वपूर्ण है। जैसे ही आप अपने हृदय से जुड़ते हैं और इसके द्वारा उपजाए सारे सकारात्मक भावों का अनुभव करते हैं, आप अपने स्वास्थ्य को बेहतर बना लेते हैं।

डीन श्रॉक

यह महसूस करना कि हमें प्रेम किया जाता है और हमारी परवाह की जाती है, यह महसूस करना कि हमें सुना और समझा जाता है, वास्तव में स्वास्थ्य की कुंजी है।

मार्सी शिमॉफ़

अधिक प्रेम की अवस्था का अनुभव करने के कुछ अद्भुत अतिरिक्त लाभ हैं। जब आप अधिक प्रेम महसूस करते हैं, तो आपका स्वास्थ्य बेहतर होता है, आप ज़्यादा लंबा जीते हैं। जो लोग ज़्यादा ख़ुश होते हैं या ज़्यादा प्रेम का अनुभव करते हैं, वे औसतन नौ साल ज़्यादा जीते हैं। आप ज़्यादा सृजनात्मक होते हैं, आपकी मानसिक क्षमता ज़्यादा होती है। आप ज़्यादा सफल होते हैं। आपके रिश्ते बेहतर होते हैं। आप बेहतर अभिभावक बनते हैं और आप ज़्यादा प्रेम को चुंबक की तरह अपनी ओर आकर्षित करते हैं। यानी ज़्यादा प्रेम की अवस्था में जीने से आपके जीवन के सभी क्षेत्रों पर असर पड़ता है।

बहरहाल, जब आप अंदर से पूरी तरह ख़ुश नहीं होते हैं, तो आपका स्वास्थ्य अपरिहार्य रूप से परिणाम भोगता है। वास्तव में चिढ़, क्रोध या कुंठा से निरंतर रहने वाला तनाव हृदय संबंधी रोग के जोखिम को बढ़ा देता है। नकारात्मक भाव गंभीरता से आपके स्वास्थ्य को दुर्बल करते हैं, आपके प्रतिरोध तंत्र को कमज़ोर करते हैं और आपको बीमारी के प्रति ज़्यादा ग्रहणशील बना देते हैं।

हॉवर्ड मार्टिन

एक दिन इंस्टीट्यूट ऑफ़ हार्टमैथ में एक लड़के और एक कुत्ते पर एक रोचक प्रयोग किया गया। बूढ़े, प्यारे लैब्राडोर कुत्ते का नाम मेबल था और उसका जॉश के साथ प्रेमपूर्ण संबंध था, जो हार्टमैथ में शोध निदेशक रोलिन मेक्रेटी के बेटे हैं। मेक्रेटी ने जॉश और मेबल दोनों पर ही हार्ट मॉनिटर लगा दिए, ताकि उनके हृदय की लय में होने वाले परिवर्तनों को नापा जा सके और यह देखा जा सके कि उनके हृदय की लय सामंजस्यपूर्ण थी या नहीं। जब वे उन दोनों को साथ लाए, तो उनके हृदय की लय एक साथ सामंजस्यपूर्ण बन गईं और

एक लय में आ गईं। जीवित तंत्रों, जीवित प्राणियों द्वारा प्रेम का आदान-प्रदान हमारे हृदय की लय में परिवर्तन कर देता है, जो इस बात को प्रभावित करती हैं कि हम कैसे काम करते हैं।

दो अलग-अलग दिल वास्तव में एक दिल की तरह धड़क सकते हैं। सामंजस्यपूर्ण धड़कन एक स्वस्थ हृदय की लय होती है।

सकारात्मक भाव उत्पन्न करना तनाव से मुक्ति पाने का सबसे अच्छा तरीक़ा है। आपका हृदय इसमें एक अहम भूमिका निभाता है, क्योंकि यह सकारात्मक भावों का एक अथाह स्त्रोत है, जो कभी ख़त्म नहीं हो सकता।

डीन श्रॉक

मैंने अपने काम में पाया है कि जब लोग अपने सच्चे स्वरूप में रहने के लिए ज़्यादा स्वतंत्र महसूस करते हैं, वह करने के लिए जिससे उन्हें सबसे ज़्यादा मानसिक शांति मिलती है, तो वास्तव में यह उनके शरीर में इस तरह दर्ज हो जाता है कि वे ज़्यादा स्वस्थ हो जाते हैं। मैं कैंसर संबंधी काम में इसका बहुत बार अनुभव करता हूँ, ख़ास तौर पर जहाँ लोग सचमुच अपने जीवन को दोबारा उसके अनुरूप ढालते हैं, जो उनके लिए सबसे महत्त्वपूर्ण होता है और फिर यह सुनिश्चित करने की व्यक्तिगत ज़िम्मेदारी लेते हैं कि वे वही चीज़ें करें, जो उन्हें हर दिन ख़ुशी दें। यह सुनिश्चित करें कि आप अपने भोजन पर ध्यान दें, जिसे आप अपने शरीर में डाल रहे हैं। अपने शरीर को तंदुरुस्त रखें।

अपने हृदय के साथ संवाद को दोबारा स्थापित करके और अपनी आत्मा के इरादों पर ध्यान केंद्रित करके आप मस्तिष्क और शरीर का संतुलन दोबारा स्थापित कर सकते हैं और ज़्यादा स्वस्थ बन सकते हैं।

डीन श्रॉक *(दायीं ओर)*

जो डिस्पेंज़ा

ये उन्नत भाव हृदय में ऊर्जा उत्पन्न करने लगते हैं। हृदय बहुत शक्तिशाली संकेत प्राप्त करने लगता है और हमारा क्षेत्र विस्तृत होने लगता है। हम कम भौतिक बन जाते हैं, हम ज़्यादा ऊर्जावान हो जाते हैं और हम किसी ज़्यादा बड़ी चीज़ से जुड़ा हुआ महसूस करते हैं। यह वह पल है, जहाँ हम अब परिणाम को नियंत्रित करने, तनाव के उन हॉरमोन्स द्वारा जीने की कोशिश नहीं कर रहे होते हैं।

यहाँ दीपक एक आसान मनन के बारे में बताते हैं, जो आपके हृदय की मदद कर सकता है।

दीपक चोपड़ा

"मनन" का अर्थ है कि आप विचार को अपनी चेतना में रखते हैं, साथ ही अपने हृदय पर ध्यान रखते हैं। जब आप हृदय पर अपना ध्यान रखते हैं और इन शब्दों के बारे में भी सोचते हैं, तो आप ख़ुशी पर, शांति पर, आनंद पर, करुणा पर मनन करते हैं। चाहे यह शांति पर हो या सद्भाव पर या हँसी पर या प्रेम पर या ख़ुशी पर या करुणा पर या दयालुता पर - इस भाव के तहत आपका हृदय संरचनात्मक रूप से भिन्न होता है। यह बदल जाता है।

यह याद रखने लायक़ है कि भावनाएँ विचारों की तुलना में ज़्यादा तेज़ और ज़्यादा शक्तिशाली होती हैं, जिसका मतलब है कि सकारात्मक भावनाओं का सकारात्मक विचारों के मुक़ाबले ज़्यादा प्रभाव होता है। चाहे आप सकारात्मक चीज़ों के बारे में सोचकर अपने मनोबल को उठाने की कितनी ही कड़ी कोशिश कर लें, आपकी भावनाएँ अंततः आपके विचारों से आगे निकल जाएँगी। सकारात्मक सोच अब भी उपयोगी है, लेकिन आपके हृदय के सकारात्मक आवेग आपके स्वास्थ्य को बेहतर बनाने के लिए कहीं ज़्यादा सहयोग करेंगे।

रोलिन मेक्रेटी

जब हम सीखते हैं कि अपने हृदय की बुद्धिमत्ता का दोहन कैसे करना है, तो यह हमारी जीवनशक्ति, हमारे लचीलेपन और ख़ास तौर पर हमारे स्वास्थ्य व ख़ुशी को बढ़ा देता है। मेरे हिसाब से जो लोग डिप्रेशन में होते हैं, वे दरअसल उस सबसे कटे हुए होते हैं, जिसे हम हृदय की बुद्धिमत्ता कहते हैं, क्योंकि दरअसल हृदय की बुद्धिमत्ता ही हमारे जीवन में ज़्यादा सकारात्मक अनुभव और भावनाएँ उत्पन्न करती है। इसलिए अगर हम उसका अनुसरण न करने का चुनाव करते हैं, तो हृदय की बुद्धिमत्ता हाथ खींच लेती है और यह डिप्रेशन की ओर ले जाता है।

जब आप डरे हुए, क्रोधित या कुंठित होते हैं, तो आपका शरीर "उत्साह" के हॉरमोन कम उत्पन्न करता है और तनाव के साथ जुड़े हॉरमोन ज़्यादा बनाता है। अगर आपके जीवन में बहुत ज़्यादा तनाव हो और आप इसके कारणों और परिणामों के प्रति आँखें मूँद लेते हैं, तो आपको अपने हृदय के साथ जुड़ने और सकारात्मक भाव उत्पन्न करने में बहुत मुश्किल आएगी, जो तनाव से मुक्ति पाने में आपकी मदद कर सकते हैं।

लेकिन जब आप अपने हृदय के साथ जुड़ जाते हैं, प्रेम की शक्ति के साथ जुड़ जाते हैं, तो परिणाम यह होता है कि हृदय का सामंजस्य उत्पन्न होता है, जो तनाव को घटाता है। फलस्वरूप आपके शरीर में डीएचईए नामक हॉरमोन उत्पन्न होता है। यह हॉरमोन हमें ज़्यादा युवा बनाए रखता है। जैसा हॉवर्ड मार्टिन ने कहा है, इस उत्साह के हॉरमोन को आम तौर पर यौवन का हॉरमोन कहा जाता है।

एकहार्ट टॉल

तनाव उत्पन्न होने के किसी भी प्रकार के संकेतों पर नज़र रखें। यह एक संकेत है कि आपने हृदय के साथ जुड़ाव खो दिया है, क्योंकि

जब तक आप हृदय के साथ जुड़े रहते हैं, तब तक एक शक्ति होती है, लेकिन कोई तनाव नहीं होता। तब एक ख़ुशी होती है और एक प्रभावकारिता होती है, लेकिन कोई चिंता नहीं होती।

प्रेमपूर्ण शरीर में प्रेमपूर्ण हृदय ज़्यादा डीएचईए (यौवन हॉरमोन) उत्पन्न करता है और तनाव के हॉरमोन कम उत्पन्न करता है। यह महत्त्वपूर्ण प्रतिरक्षणवर्धक रसायन भी उत्पन्न करता है, जो संक्रमणों से रक्षा करते हैं। और जब आप अपने हृदय को खोल देते हैं, तो आप सकारात्मक भावनाओं का दोहन करते हैं, जो आपकी मानसिक और शारीरिक दोनों ही अवस्थाओं पर सकारात्मक प्रभाव डालती है।

अंत में, और शायद सबसे महत्त्वपूर्ण, हमारा हृदय दूसरों को भी प्रभावित करता है। द इंस्टीट्यूट ऑफ़ हार्टमैथ ने पाया कि हृदय के आस-पास की इलेक्ट्रो-मैग्नेटिक फ़ील्ड मस्तिष्क के आस-पास की इलेक्ट्रो-मैग्नेटिक फ़ील्ड से 5,000 गुना ज़्यादा शक्तिशाली होती है। वे लोग दरअसल हमारे शरीर से आठ-दस फुट की दूरी से भी हृदय के क्षेत्र को नाप सकते हैं। यह क्षेत्र हमारे भावनाओं की ऊर्जा को संप्रेषित कर रहा है। यह प्रेम की ऊर्जा को सोख भी रहा है और प्रक्षेपित भी कर रहा है।

मार्सी शिमॉफ़

आपके हृदय में भावनात्मक जानकारी होती है, जिसे आपके आस-पास के लोग महसूस कर सकते हैं और भाँप सकते हैं। वास्तव में, आपकी धड़कन आपके आस-पास के लोगों की धड़कन को प्रभावित करती है।

आप दूसरे लोगों के प्रेम और स्नेह से पोषण ग्रहण कर सकते हैं, ख़ास तौर पर उन पलों में जब आप स्वयं ऐसे सकारात्मक भाव उत्पन्न करने के लिए संघर्ष करते हैं। जैसे ही आप दूसरों से जुड़ाव महसूस करते हैं, आपकी मानसिक अवस्था बेहतर बन सकती है।

दीपक चोपड़ा

पारिस्थितिकी तंत्र के हिस्से के रूप में आप पृथ्वी के जीवन और चेतन प्राणियों के साथ जुड़ाव का जितना ज़्यादा अहसास महसूस करते हैं, आपका हृदय उतना ही ज़्यादा स्वस्थ होगा। वास्तव में, कई अध्ययन बता चुके हैं कि हृदय संबंधी रोग से असमय मृत्यु का सबसे बड़ा जोखिम घटक है शत्रुता और द्वेष - जिसे "द्वेषदर्शी अविश्वास" कहा जाता है।

डीन श्रॉक

माइंड-बॉडी मेडिसिन फ़ॉर कैंसर के डायरेक्टर के रूप में मैंने एक चीज़ देखी, जिससे मैं मंत्रमुग्ध और हैरान भी हुआ। वह यह अहसास था कि - जब हम लोगों में जीने की इच्छा जगाने के लिए उन्हें प्रोत्साहित कर रहे थे, तो उन्हें यह बहुत ज़्यादा स्वार्थी लगा। उन्हें यक़ीन था कि हर व्यक्ति और हर चीज़ को पहले आना चाहिए। और इसलिए जब मैंने अपना शोध लिखा - क्योंकि मेरे रोगी ज़्यादा लंबा जी रहे थे - तो मुझे इस निष्कर्ष पर पहुँचना पड़ा कि यह जीने की इच्छा नहीं थी, बल्कि ऐसा तो इसलिए था, क्योंकि उन्हें महसूस हो रहा था कि उनसे प्रेम और उनकी परवाह की जा रही थी। इसी से फ़र्क़ पड़ा। जब मैंने इस केंद्र से उस केंद्र तक जाकर इन रोगियों से पूछा, "किस चीज़ ने आपकी मदद की और किसने नहीं की?" तो मुझे इस बात से बहुत हैरानी हुई कि मैंने उन्हें जूझने की जो विशिष्ट योग्यताएँ सिखाई थीं, उनमें से एक भी मददगार नहीं रही थी। उन्होंने तो यह कहा कि ऐसा इसलिए हुआ, क्योंकि मैंने उनकी बात सुनी, उनकी परवाह की और मैं ईमानदार था। डॉ. जेम्स लिंच और डॉ. डीन ऑरनिश के शोध भी बहुत

स्पष्ट थे कि सुने और समझे जाने से, तथा यह महसूस करने से कि कोई प्रेम और परवाह करता है, इससे वास्तव में हृदय रोग में सुधार होता है।

सह-निर्माता रोलिन मेक्रेटी दूसरों के साथ हमारे ऊर्जावान जुड़ाव को रेखांकित करने के लिए नवजात जुड़वाँ की कहानी बताते हैं। 1995 में पैदा होने के कुछ समय बाद दोनों बहनों को अलग-अलग इन्क्यूबेटर में रख दिया गया, जो उस समय एक सामान्य प्रक्रिया थी। लेकिन एक बच्ची की हृदय की दर गड़बड़ थी, इसलिए वह आंदोलित थी और रोए जा रही थी, वह चुप या शांत हो ही नहीं रही थी। एक नर्स ने दोनों जुड़वाँ बहनों को एक ही इनक्यूबेटर में रखने का निर्णय लिया। शांत बच्ची ने सहज बोध से अपनी बाँह अपनी बहन के शरीर पर रख दी, जो लगभग तुरंत ही सही हो गई। उसने रोना छोड़ दिया और उसकी धड़कन तथा साँस सामान्य हो गई।

हॉवर्ड मार्टिन

जो हमें सचमुच संतुलन में लाती है, जो सचमुच हमारा उपचार करती है, वह हृदय की बुद्धिमत्ता द्वारा उत्पन्न यह भव्य, सुंदर शक्ति है। यह कभी दूर नहीं जाती, यह हमेशा वहाँ रहती है। कई बार हम इससे दूर चले जाते हैं, लेकिन हम इसकी ओर लौट सकते हैं। और जब हम ऐसा करते हैं, तो यह हमें दुख, डिप्रेशन, टूटे दिल की इन भावनाओं से दूर ले जाने में मदद कर सकती है।

हृदय की शक्ति प्रेम है - खुद के लिए प्रेम और दूसरों के लिए प्रेम। प्रेम स्वस्थ शरीर में एक स्वस्थ मस्तिष्क का तीव्र मार्ग है।

स्वास्थ्य का मतलब न केवल शारीरिक रूप से ठीक रहना है, बल्कि अपनी हर प्रकार की हर शक्ति का अच्छी तरह उपयोग करना भी होता है।

— फ़्लोरेंस नाइटिंगेल

मनन

प्रेम का हृदय

अपना ध्यान अपने हृदय पर रखें और इन शब्दों के बारे में सोचें। *हृदय। प्रेम। आनंद। शांति। खुशी। करुणा। प्रेमपूर्ण दयालुता।*

आप जो भी विचार रखते हैं – शांति, सद्भाव, हँसी, प्रेम, आनंद, करुणा, दयालुता – वह आपके हृदय की ऊर्जा को बदल देता है। वह विचार हृदय को एक स्वस्थ, सामंजस्यपूर्ण ऊर्जा और लयबद्ध धड़कन में बदल देता है।

इस बात को जानते हुए अपना ध्यान अपने हृदय पर रखें और दोबारा मनन करें। प्रेम, दयालुता, करुणा, मानसिक शांति और आनंद के विचार अपने हृदय की जागरूकता में रखें। हर विचार को इस तरह थामें, मानो आप एक बीज बो रहे हों। यह अंकुरित हो जाएगा और उस विचार के फल देगा। यह आपके हृदय, आपकी भावनाओं और आपके शरीर को पोषण देगा।

13. प्रेम और रिश्ते

प्रेम का अर्थ वही है, जो हमारा सार है। हम अपने हृदय में जितना ज़्यादा प्रेम महसूस करते हैं, हमें उतना ही ज़्यादा प्रेम दिया जाएगा।

— दीपक चोपड़ा

प्रेम ही सृष्टि की बुनियादी ऊर्जा है। प्रेम की ऊर्जा आपके चारों ओर है, आपके भीतर है।

डीन श्रॉक

हर चीज़ ऊर्जा है। और सृष्टि का बुनियादी सार प्रेम की ऊर्जा या पूर्ण सद्भाव और व्यवस्था है। इसलिए जब भी आप प्रेम का अनुभव कर रहे हैं, तो आप दरअसल उस जीवन-शक्ति ऊर्जा के प्रवाह की अनुमति दे रहे हैं। इससे आपको उस बुनियाद का अहसास होता है, जो आप ऊर्जा के रूप में हैं। और यह आपके शरीर के अणुओं को दोबारा पंक्तिबद्ध कर देता है, ताकि वे ज़्यादा सामंजस्यपूर्ण तरीक़े से काम करें।

मार्सी शिमॉफ़

प्रेम एक रेडियो स्टेशन जैसा है, जिस पर प्रसारण हमेशा चलता रहता है। हमारा काम बस उस रेडियो स्टेशन को सुनना है। कल्पना करें कि आप प्रेम का एफ़एम सुन रहे हैं। यही वह फ़्रीक्वेंसी है, जिसे आप रेडियो शुरू करने पर ज़्यादा से ज़्यादा सुनेंगे।

हम जिसे चूक रहे हैं वह सच्चाई यह है कि हम वास्तव में प्रेम ही हैं; कि हम वास्तव में प्रेम का महासागर हैं। जब हम इस तथ्य के बारे में ज़्यादा जागरूक बन जाते हैं और भीतर के प्रेम के उस सागर से सचमुच जुड़ाव महसूस करते हैं, तो एक बहुत बड़ा परिवर्तन हो जाता है। तब हम छोटे कटोरों के साथ घूम रहे प्रेम के भिखारी नहीं रह जाते हैं, जो यह उम्मीद करता है कि दूसरे लोग प्रेम से हमारा कटोरा भर देंगे। इसके बजाय हम प्रेम परोपकारी बन जाते हैं। हम स्वाभाविक रूप से उस प्रेम से लबालब हो जाते हैं। इसे देने में कोशिश की ज़रूरत नहीं है, क्योंकि हम जानते हैं : हम यही हैं।

प्रेम, ख़ुशी और सफलता की विख्यात विशेषज्ञ मार्सी शिमॉफ़ ने अपने शोध में पाया है कि प्रेम की चार मुख्य अवस्थाएँ होती हैं। सबसे निचली अवस्था को कोई-प्रेम-नहीं कहा जाता है, जिसका अनुभव हम तब करते हैं, जब हम दर्द में होते हैं या जब हम डर महसूस करते हैं या जब हम दुखी होते हैं और प्रेम से पृथक महसूस करते हैं।

इससे एक पायदान ऊपर है, बुरे कारण से प्रेम, जो शिमॉफ़ के अनुसार "बुनियादी तौर पर कोई-प्रेम-नहीं की दर्दनिवारक गोली है।" यह वह समय है, जब हम अपने अंदर के ख़ालीपन को भरने की कोशिश कर रहे होते हैं। आम तौर पर इसके लिए हम उन चीज़ों का इस्तेमाल करते हैं, जो हमारे लिए समर्थनकारी नहीं हैं या बुरी हैं - बुरे रिश्ते, नशीली दवाएँ या शराब, भोजन। यह सब इस तथ्य की क्षतिपूर्ति करने के लिए किया जाता है कि हम अंदर प्रेम महसूस नहीं करते।

ऊपर का पायदान अगला है अच्छे कारण से प्रेम, जो तब होता है जब हमें किसी रिश्ते की पृष्ठभूमि में प्रेम मिलता है या हम इसे बाहर की किसी चीज़ से प्राप्त करते हैं।

और प्रेम की परम अवस्था क्या है?

मार्सी शिमॉफ़

देखिए, शानदार, प्रेमपूर्ण रिश्ते रखने या अपने काम से प्रेम करने तथा उससे संतुष्टि पाने में कुछ भी ग़लत नहीं है। लेकिन अगर हम प्रेम के अपने अनुभव को किसी बाहरी घटक पर आधारित करते हैं, तो यह दूर जा सकता है। यह प्रेम की ठोस बुनियाद नहीं है। हालाँकि अच्छे कारण से प्रेम एक बढ़िया चीज़ है, लेकिन यह प्रेम की परम अवस्था नहीं है।

प्रेम को किसी कारण की ज़रूरत नहीं है। यह हृदय की अतार्किक बुद्धिमत्ता से बोलता है।
— दीपक चोपड़ा, *द पाथ टु लव*

मार्सी शिमॉफ़

प्रेम की परम अवस्था वह है, जिसे मैं अकारण प्रेम कहती हूँ। अकारण प्रेम तो प्रेम की एक आंतरिक अवस्था है, जो किसी व्यक्ति या स्थिति या किसी विशेष रूमानी साझेदार पर निर्भर नहीं होती। जब हम इस प्रेम को महसूस करते हैं, तो अपनी परिस्थितियों से प्रेम खींचने की कोशिश में बाहर देखने के बजाय हम अपनी परिस्थितियों तक प्रेम ले आते हैं। जब आप अकारण प्रेम की अवस्था में होते हैं, तो आप स्वतंत्रता महसूस करते हैं। आप विस्तार महसूस करते हैं। आप शांति महसूस करते हैं। आप आनंद महसूस करते हैं। आप बिना किसी कारण के प्रेम करते हैं। आपको प्रेम करने के लिए किसी कारण की ज़रूरत ही नहीं होती।

प्रेम की शक्ति पर शिमॉफ़ न्यू थॉट लीडर एमेट फ़ॉक्स का उद्धरण देती हैं : “ऐसी कोई मुश्किल नहीं है, जिसे पर्याप्त प्रेम न जीत पाए... अगर आप बस पर्याप्त प्रेम

कर सकें, तो आप पूरी सृष्टि के सबसे सुखी और सबसे शक्तिशाली व्यक्ति होंगे।"

आपका काम प्रेम की तलाश करना नहीं है; आपका काम तो अपने भीतर उन सभी अवरोधों की तलाश करना है, जो आपने इसके ख़िलाफ़ बना रखे हैं।

— रूमी

कई लोगों की तरह लिंडा फ्ऱांसिस भी बरसों से "सही व्यक्ति" की तलाश कर रही थीं, लेकिन किसी रिश्ते को कारगर नहीं बना पा रही थीं। लेकिन उनकी क़िस्मत बदलकर बेहतर हो गई, जब वे खुद को यह बताने के लिए तैयार हो गईं कि, "अब से मैं अपने लिए सही व्यक्ति बनने जा रही हूँ।"

लिंडा फ्ऱांसिस

और जब मैं सही इंसान बन गई, तो इससे फ़र्क़ नहीं पड़ता था कि मेरा कोई रिश्ता था भी या नहीं। मुझे उसकी परवाह ही नहीं थी। मैं तो जिसकी परवाह करती हूँ, वह है अपने जीवन में वास्तविक शक्ति को बनाते रहना।

फ्ऱांसिस ने "उस एक" की तलाश करना छोड़ने का निर्णय लिया और इसके बजाय अपनी आत्मा के साथ अपने रिश्ते पर ध्यान केंद्रित किया। उन्होंने अपनी आत्मा की इच्छाओं की जाँच-पड़ताल की और खुद से पूछा कि वे सचमुच कौन थीं, वे दरअसल जीवन में क्या चाहती थीं और सृष्टि उनसे क्या चाहती थी। वे यह पहचानने लगीं कि उनके पुराने रिश्तों में उन्होंने सामने वाले व्यक्ति के लिए कभी पर्याप्त अच्छा महसूस नहीं किया था। जब उन्होंने अपने खुद के व्यक्तित्व में रहने का तरीक़ा खोज लिया, जो अपने आप में पूर्ण था, तब उनके वर्तमान साझेदार गैरी ज़ुकाव उनके मार्ग में आए।

दीपक चोपड़ा

अगर आप कोई सार्थक संबंध बनाना चाहते हैं, तो सही व्यक्ति की

तलाश छोड़ दें। मैं इसे दोहराता हूँ : अगर आप कोई सार्थक संबंध बनाना चाहते हैं, तो सही व्यक्ति की तलाश छोड़ दें, बल्कि सही व्यक्ति बन जाएँ।

सही व्यक्ति बनकर, अपने सच्चे स्व बनकर आप प्रेम को ज़्यादा व्यापक दृष्टिकोण में देखना सीखते हैं। आप अक्सर किसी दूसरे की बेताब तलाश को छोड़कर अपनी खुद की आत्मा को पोषण और शक्ति देने लगते हैं।

मार्सी शिमॉफ़

आप अपने मित्र बनना शुरू करते हैं। आप अपने खुद के प्रेमपूर्ण सहारे बन जाते हैं। और यह किसी रिश्ते को बनाने का एक शक्तिशाली तरीक़ा है : अपने साथ विश्वास का और प्रेम का रिश्ता।

जब आप अपने आप में खुश रहते हैं, तो आप निश्चय ही उस व्यक्ति को आकर्षित करेंगे, जो आपकी शांतिपूर्ण, विश्वासपूर्ण चेतना की अवस्था से मेल खाता हो।

जॉन ग्रे

कई बार लोग अपने साथी, अपने आदर्श साथी, अपनी आत्मा के साथी की तलाश करते हैं और कहते हैं कि वह उन्हें नहीं मिल पाया। वे तलाश कर रहे हैं और वे तलाश कर रहे हैं और वे तलाश कर रहे हैं और वे उसे खोज नहीं पा रहे हैं। देखिए, अगर आपकी आत्मा का साथी आपका दरवाज़ा नहीं खटखटा रहा है, तो इसका मतलब है कि आप अभी तैयार नहीं हैं। ऐसी बात नहीं है कि आप पर्याप्त शिद्दत से कोशिश नहीं कर रहे हैं। हमें अपने जीवन में इसके होने के लिए तैयार रहना होता है। और अपने जीवन में सही व्यक्ति खोजने, उसके साथ जुड़ने की तैयारी का अर्थ है स्वयं सही व्यक्ति बनना।

"किसी अनूठे" की तलाश कई बार किसी ख़ालीपन को भरने की तलाश बन जाती है। लेकिन आप किसी के साथ एक अर्थपूर्ण संबंध बना सकें, इससे पहले आपको खुद को स्वीकार करने में सक्षम होना चाहिए। जैसा दीपक चोपड़ा ने लिखा है, "हमारी कल्पना में हम यह विश्वास करते हैं कि प्रेम हमसे अलग है। वास्तव में, प्रेम के सिवा कुछ नहीं है, बशर्ते हम इसे स्वीकार करने के लिए तैयार हो जाएँ। जब आप सचमुच प्रेम को पा लेते हैं, तो आप खुद को पा लेते हैं।"

आत्मविश्वास की कमी किसी दूसरे व्यक्ति को बराबरी वाले के रूप में प्रेम करने की आपकी क्षमता को कमज़ोर कर सकती है। यदि आप खुद से प्रेम करने तथा स्वीकार करने के लिए जूझते हैं, तो आप सृष्टि को बता रहे हैं कि आप उस प्रेम के लायक़ नहीं हैं, जिसके आप हक़दार हैं।

मैं उन लोगों पर विश्वास नहीं करती, जो ख़ुद से प्रेम नहीं करते हैं, लेकिन मुझसे कहते हैं, "मैं आपसे प्रेम करता हूँ।" एक अफ़्रीकी कहावत है, "तब सावधान रहें, जब कोई नग्न व्यक्ति आपको अपनी शर्ट देने का प्रस्ताव रखे।"

— माया ऐंजेलू

जॉन ग्रे

अगर आप किसी को खोजना चाहते हैं, जो आपको पूरी तरह प्रेम कर सके और आपको जान सके, तो आपको खुद को जानना और प्रेम करना होता है। और स्व-प्रेम किसी भी कारगर संबंध की बुनियाद है, भले ही वह संबंध किसी जीवन-साथी को खोजने की तैयारी हो।

आत्म-स्वीकृति का पहला क़दम दूसरों को प्रेम देने का इरादा है। आप दूसरों की मदद करके और अपने हृदय का अनुसरण करके प्रेम दे सकते हैं। जब आप अपने सपने का पीछा करते हैं, तो आप वे योग्यताएँ और समझ हासिल करते हैं, जो आपकी सक्षमता और आत्मविश्वास को बढ़ा देती हैं। आप दिखाते हैं कि आपके लिए सब कुछ कितना अच्छा चल रहा है, जिसे देर-सबेर कोई दूसरा पकड़ लेगा, जिसके आदर्श और लक्ष्य आपके आदर्शों और लक्ष्यों के समान होंगे या फिर पूरक होंगे।

जॉन ग्रे *(दायीं ओर)*

पाउलो कोएलो

बस प्रेम करने की कोशिश करें, और इसे प्रकट करें। जब आपका हृदय खुला होता है, तो प्रेम की ऊर्जा अंदर प्रवाहित होती है, हर चीज़ को पूर्ण कर देती है और किसी तरह से ख़ुद को कार्यों में बदल देती है। फिर आप देखते हैं कि आपका जीवन बदल रहा है। और आप ख़ुद से पूछते हैं, "लेकिन क्यों? मैंने तो कुछ नहीं किया। मैंने तो कोई नई चीज़ नहीं सीखी।" आपने सीखी थी, लेकिन चेतन स्तर पर नहीं। ऐसा इसलिए हुआ, क्योंकि आपका हृदय खुला था।

ख़ुद को अंगीकार करें। जो भी आपके भीतर अच्छा है, उसकी पूरी तरह क़द्र करने का चुनाव करें। अपनी अपूर्णताओं को स्वीकार करें और नीचे दिए अभ्यास करें :

- अपने हृदय पर आँख मूँदकर विश्वास करने का इरादा उत्पन्न करें।
- आप जो हैं, उसके प्रति कृतज्ञ बनें। अपनी शक्तियों और गुणों की सराहना करें।
- अपनी योग्यताओं और गुणों को विकसित करें, जिनसे आत्मविश्वास और ख़ुशी उत्पन्न होगी। यदि आपमें कुछ करने या कोई चीज़ बनाने की सच्ची भावना आती है, तो उसका अनुसरण करें, उस पर काम करें और उसे बेहतर बनाएँ।
- अपने प्रति दयालु बनें। अपने बारे में सकारात्मक विचार व्यक्त करने की आदत डालें, ताकि आपको हर चीज़ में सृष्टि का समर्थन मिले। अपने बारे में नकारात्मक बातें कहना छोड़ दें।
- हर दिन किसी दूसरे के लिए कोई दयालुता भरा काम करें।
- बहुत चिंता न करें। चिंता करने से समस्याएँ शायद ही कभी सुलझती हैं। यह आपको उस सौंदर्य से दूर ले जाता है, जो जीवन प्रदान करता है। यदि आपमें चिंता करने की प्रवृत्ति है, तो शारीरिक रूप से सक्रिय बनें। टहलें। व्यायाम करें। योग करें। शरीर को क्रियाशील रखने से दिमाग़ को साफ़ करने में मदद मिलती है।

हम अपने बारे में चिंता कर ही नहीं सकते।
— पोप फ़्रांसिस

- अपनी भावनाओं के बारे में अपने साथ ईमानदार बनें। यदि आप दुखी हैं, तो अपने दुख को स्वीकार करें और इसे न छुपाएँ। अपने हृदय से पूछें कि वह दुख से निबटने के लिए आपको क्या करने के लिए कह रहा है।
- समय-समय पर ख़ुद को अवकाश दें। अपने शरीर की देखभाल करने और अपनी आत्मा की परवाह करने का समय निकालें।
- आपको ख़ुश रहने के लिए बनाया गया है। आप जो भी करते हैं, हर चीज़ में ख़ुशी पाएँ। जीवन को या ख़ुद को ज़रूरत से ज़्यादा गंभीरता से न लें। कृतज्ञता का अभ्यास करें।

दीपक चोपड़ा

जिनसे हम प्रेम करते हैं और जिन्हें हम नापसंद करते हैं, वे दोनों ही हमारे स्व के प्रतिबिंब होते हैं। हम उन लोगों से प्रेम करने लगते हैं, जिनमें हम ऐसे गुण देखते हैं, जिन्हें हम चाहते हैं। और हम उन लोगों को नापसंद करते हैं, जिनमें हम ऐसे गुण देखते हैं, जिन्हें हम अपने आप में देखना पसंद नहीं करते। यदि आप किसी रिश्ते में सफल होना चाहते हैं, तो संसार को अपने ही स्व के दर्पण के रूप में देखें। हर स्थिति, हर परिस्थिति, हर रिश्ता आपकी ही चेतना की अवस्था की झलक दिखा रहा है।

आपके इरादों की ऊर्जा अंततः रिश्तों और आपके जीवन के अन्य हिस्सों में आपकी ओर लौटेगी। आप जिन लोगों से मिलते हैं, वे आपके ही इरादों के प्रतिबिंब होते हैं।

गैरी ज़ुकाव

आप अपने जीवन में जिस तरह के व्यक्ति को चाहते हैं, उसे आकर्षित करने का एक अचूक तरीक़ा है, वास्तव में एक अचूक तरीक़ा : उस व्यक्ति जैसे बन जाएँ। अगर आप उन लोगों को आकर्षित करना चाहते हैं, जो धैर्यवान और परवाह करने वाले हैं, जो आपकी परवाह करेंगे,

और आपके साथ धैर्यवान रहेंगे, आपके सर्वश्रेष्ठ हितों को दिल में रखेंगे, बिना किसी शर्त के आपके लिए उपलब्ध रहेंगे, उनके निहित स्वार्थ नहीं होंगे, तो दूसरों के लिए ऐसे ही व्यक्ति बन जाएँ और आप ठीक अपने ही जैसे लोगों को अपनी ओर आकर्षित करेंगे। यह आकर्षण का नियम है। कोई ऊर्जा समान ऊर्जा को आकर्षित करती है।

यदि आप सोचते हैं कि आप तब तक खुश नहीं रह सकते, जब तक कि आपका कोई जीवनसाथी न हो, तो आपके ऐसे साथी को आकर्षित करने की संभावना है, जो नाखुश है और अपने भीतर के ख़ालीपन को भरने के लिए आपके साथ रिश्ता बनाने के लिए उत्सुक है। दूसरी ओर, अगर आप अपनी आत्मा के सामंजस्य में हैं, तो आपका किसी ऐसे व्यक्ति को आकर्षित करना तय है, जो चेतना की उसी अवस्था को प्रतिबिंबित करता हो।

दीपक चोपड़ा

आप आकर्षक बनना चाहते हैं? तो स्वाभाविक बनें। अपनी सरल अप्रभावित मानवता को संचारित करें। खुद के और दूसरों के बारे में आलोचनात्मक न बनें। प्रेम के प्रदर्शन पर प्रतिक्रिया करें और सामाजिक नक़ाब न पहनें। बस स्वाभाविक बनें। पहचानें कि आपमें कमज़ोरियाँ और दोष हैं और बनावट है। यह अपूर्ण होना नहीं है; यह पूर्ण होना है। यह दोषपूर्ण होना नहीं है, यह तो पूरा होना है। तो सफल रिश्तों का दरअसल यही रहस्य है कि हम हर रिश्ते को अपने आईने की तरह देखें।

हमेशा अपने असल स्वरूप में रहें। अलग-अलग मुखौटे लगाने के प्रलोभन से बचें। जब आप स्वयं नहीं, बल्कि काई और होने का नाटक करते हैं, तो आप अपने हृदय और दूसरे लोगों से अलग हो जाते हैं।

हम सभी एक पल के लिए एक-दूसरे की आँखों के ज़रिये देख सकें,
क्या इससे बड़ा कोई चमत्कार हो सकता है?
— हेनरी डेविड थोरो

जब आप प्रेम को खोज लेते हैं, तो परस्पर भरोसे और सम्मान के साथ संपर्क करना महत्त्वपूर्ण हो जाता है।

जॉन ग्रे

हृदय से अधिक संवाद करने के लिए, किसी रिश्ते में वास्तव में संवाद स्थापित करने के लिए, हमें पहले इसे लक्ष्य के रूप में तय करना होता है और एक-दूसरे को इसकी याद दिलानी होती है। मेरी पत्नी इस बारे में बहुत स्पष्ट है। बॉनी मुझसे कहेगी, "जॉन, मैं तब तक तुम्हारी बात नहीं सुनना चाहती, जब तक कि तुम मुझसे अपने दिल से बात न करो।" और मैं कहूँगा, "नहीं, मैं बात कर रहा हूँ, मैं समझदारी की बात कर रहा हूँ।" "नहीं, मैं तुम्हारी भावना सुनना चाहती हूँ, मैं तुम्हारी आवाज़ में तुम्हारे प्रेम को सुनना चाहती हूँ। और जब तुम ऐसा कर सको, तो हम दोबारा बात कर सकते हैं।"

वह मुझे कितना आसान संदेश देती है। वह तब बातचीत करने से इंकार कर देती है, जब मैं अपने दिमाग़ में ही खोया होता हूँ और दिल से महसूस नहीं करता। यह उसकी ग़लती होगी कि वह यह कहे कि मेरा दिमाग़ से चलना ग़लत बात है, क्योंकि यह मेरे एक बहुत महत्त्वपूर्ण हिस्से को ग़लत बताना होगा। लेकिन जब मेरा दिल बंद होगा, जब मैं घटिया या सही होने पर केंद्रित होने लगूँगा, तो वह कई बार यह कहेगी, "इस वक्त मैं यह नहीं सुन सकती। मैं तुम्हारे हृदय को थोड़ा और सुनना चाहती हूँ। जब तुम दिल से बात करने को तैयार हो जाओ, तो मैं तुम्हारे साथ बात करने के लिए तैयार हूँ।"

हमेशा दिल से संवाद करने का इरादा रखें। अगर ऐसी बातें कही गई हैं, जो गुस्सा दिलाने वाली हैं, तो इस संघर्ष को नए सिरे से शुरू करने की चुनौती के रूप में देखें, अपनी आत्मा तक लौटने की चुनौती और एक नम्र तरीक़े से अपनी भावनाएँ बताने की चुनौती। प्रेमपूर्ण दयालुता से पेश आने पर विरोधाभास भी आपके रिश्ते को बढ़ाने में मदद कर सकता है।

जब आप अपने साथी से संघर्ष करते हैं, तो आप ख़ुद के साथ संघर्ष कर रहे हैं। आप उसमें जो भी दोष देखते हैं, वह आपमें किसी छिपाई गई कमज़ोरी की ओर इशारा करता है।

– दीपक चोपड़ा, द पाथ टु लव

जॉन ग्रे

इसका अर्थ है हृदय की बुद्धिमत्ता में विकास करना, क्योंकि हर बार जब आप प्रेम की ओर लौटते हैं, तो आप उस बुद्धिमत्ता में विकास करते हैं। यह प्रेम करने की आपकी आंतरिक संभावना तक पहुँचने, आपकी आत्मा के साथ जुड़ने की कुंजी है, क्योंकि प्रेम करना ही आत्मा का उद्‌देश्य है। और हर बार जब आप दोबारा प्रेम करते हैं, तो आप उस बुद्धिमत्ता में विकास करते हैं।

माया ऐंजेलू

कई साल पहले मैं विवाहित थी और वैवाहिक संबंध अनिश्चित था। एक दिन मेरे पति ने मुझे बहुत गुस्सा दिलाया और मैं नहीं जानती थी कि क्या करूँ। इसलिए मैंने उसे गाली दे दी। जब मेरी माँ आई, तो उसने यह बात मेरी माँ को बताई। उसने कहा, "माँ, उसने ऐसी भाषा का इस्तेमाल किया, जिसे अगर मैं नाव चलाने वालों को भी बोलते सुनता, तो मुझे शर्म आ जाती।" और मेरी माँ ने पूछा, "मेरी बेटी ने?" और उसने कहा, "हाँ, उसने मुझसे गंदी बातें कहीं।"

तो वे बोलीं, "मैं यह बात उससे पूछना चाहती हूँ।" उन्होंने मुझसे पूछा, "क्या तुमने ऐसा किया?" मैंने कहा, "हाँ।" फिर वे मेरे पति की ओर मुड़ीं और बोलीं, "लोग गाली का इस्तेमाल इसलिए करते हैं, क्योंकि वे नहीं जानते कि शब्द क्या करेंगे और कई बार वे अपने अर्थ को संप्रेषित करने वाले कोई शब्द नहीं खोज पाते, इसलिए वे उस चीज़ का सबसे ज़्यादा इस्तेमाल कर देते हैं, जिसका सबसे कम मूल्य होता है, जो गाली है।"

"यह राख के समान है, जिसे उड़ा दिया जाता है।" तो जब भी आप गाली सुनें, तो यह अहसास करें कि इसे ऐसे व्यक्ति ने चुना है, जो यह नहीं जानता कि क्या कहना है और जो शब्द नहीं खोज पाता है, और इसलिए वह इसे बस यूँ ही राख की तरह उड़ा रहा है।

अपने साथी के साथ दिल से संवाद करने का एक तरीक़ा शिकायतों के स्थान पर आग्रह करना है। अगर आप अपने साथी से हमेशा शिकायत करते रहते हैं, तो वह सुनना छोड़ देगा या रक्षात्मक बन जाएगा। ख़ुद से पूछें कि आप अपनी शिकायत को इस तरह कैसे व्यक्त कर सकते हैं कि सामने वाला समझ जाए। यह करने का एक तरीक़ा अपनी शिकायत को आग्रह में बदलना है। बस माँग लें! इरादा तय करें और प्रेम से आग्रह करें। जब आप दिल से अपने प्रियजन के साथ संवाद करने का चेतन निर्णय लेते हैं, तो आप इसी तरह की प्रतिक्रिया की उम्मीद कर सकते हैं।

दीपक चोपड़ा

जब भी आप कष्ट उठा रहे हों, तो ख़ुद से एक सवाल पूछें : मैं किसके बारे में सोच रहा हूँ? और आप पाएँगे कि आप केवल ख़ुद के बारे में ही सोच रहे हैं। अगर आप अपने कष्ट को कम करना चाहते हैं, तो ख़ुद के बारे में सोचना छोड़ दें! दूसरे लोगों के बारे में सोचें और आप देखेंगे कि आपका कष्ट ख़त्म हो जाएगा। क्योंकि जब आप दूसरे लोगों के बारे में सोचते हैं, तो आप उनके साथ एक जुड़ाव स्थापित करते हैं और आप महसूस करने लगते हैं कि आप ज़्यादा ख़ुश हैं। वास्तव में, कई अध्ययन बताते हैं कि ख़ुश रहने का सबसे अच्छा तरीक़ा किसी दूसरे को ख़ुश करना है। सफल होने का सबसे अच्छा तरीक़ा किसी दूसरे को सफल बनाना है।

ऐसी चीज़ों को स्वीकार करें, जिन्हें क़िस्मत आपके साथ बाँधती है और उन लोगों से प्रेम करें, जिन्हें क़िस्मत आपके साथ लाई है, लेकिन ऐसा अपने पूरे दिल से करें।

— मार्कस ऑरेलियुस

आध्यात्मिक साझेदारी

आपने इस पल अपने जीवन में जो भी संबंध आकर्षित किए हैं, वे ठीक वही हैं, जिनकी ज़रूरत इस पल आपको अपने जीवन में है। सारी घटनाओं के पीछे एक छिपा अर्थ है और यह छिपा अर्थ हमारे विकास के काम में मदद कर रहा है।

— दीपक चोपड़ा, *द सेवन स्पिरिच्युअल लॉज़ ऑफ़ सक्सेस*

जब आप हृदय से संवाद करते हैं, तो आप वास्तविक शक्ति उत्पन्न करते हैं। आप अपनी भावनाओं का चेतन रूप से अनुभव करने में साहस और अनुशासन का इस्तेमाल करते हैं, जिनमें नकारात्मक भावनाएँ भी शामिल हैं। मिसाल के तौर पर, जब आप किसी के दोष के बारे में आलोचनात्मक महसूस करें, तो अपने भीतर देखें कि आपके भीतर कौन सी चीज़ आपको उस दोष की आलोचना करने के लिए उकसा रही है; फिर आप इसकी जगह पर समझ को रख दें। आध्यात्मिक साझेदार इस आत्म-चिंतन में आपकी मदद कर सकता है।

लिंडा फ्रांसिस

आध्यात्मिक साझेदारी रिश्तों को देखने का बहुत ही अलग तरीक़ा है। आध्यात्मिक साझेदारी समान लोगों के बीच की साझेदारी है, जिसका उद्देश्य आध्यात्मिक विकास है।

आध्यात्मिक साझेदार दरअसल एक साथी है, जो वास्तविक शक्ति उत्पन्न करने की कोशिश में आपका समर्थन करता है। और सिर्फ़ साथी ही नहीं; बल्कि बराबर का साथी। बराबर होने पर आप जानते हैं कि सृष्टि की कोई भी चीज़ या व्यक्ति उतना महत्त्वपूर्ण नहीं है जितने कि आप हैं और सृष्टि में कोई भी चीज़ या व्यक्ति उससे कम महत्त्वपूर्ण नहीं है, जितने कि आप हैं। आप दूसरों के प्रति न तो श्रेष्ठ, न ही हीन महसूस करते हैं।

लिंडा फ़्रांसिस

वास्तविक शक्ति उत्पन्न करना मेरे लिए सबसे महत्त्वपूर्ण चीज़ है। दूसरे शब्दों में, दूसरे लोगों को बदलने की कोशिश के बजाय खुद को बदलने की मेरी योग्यता। जब मैं इसी सोच वाले दूसरे लोगों को पाती हूँ, तो हम आध्यात्मिक साझेदारी बनाना शुरू कर सकते हैं। मिसाल के तौर पर, अपने साथी गैरी ज़ुकाव के साथ हमने एक आध्यात्मिक साझेदारी बनाई है। इसका अर्थ है कि मेरा आध्यात्मिक विकास मेरे लिए सबसे महत्त्वपूर्ण है, लेकिन मैं उसके आध्यात्मिक विकास में उसका समर्थन करती हूँ और वह मेरे विकास में मेरा समर्थन करता है।

गैरी ज़ुकाव

एक आध्यात्मिक साझेदार मेरे व्यक्तित्व के किसी हिस्से के बारे में जागरूक बनने में मेरी मदद कर सकता है, जिसके बारे में मैं जागरूक नहीं था और इसीलिए आध्यात्मिक साथी बहुमूल्य हैं। मैं हमेशा जानता हूँ कि मिसाल के तौर पर, मैं जब भी चिड़चिड़ा, तुनकमिजाज़ या गुस्सा होता हूँ, तो लिंडा मेरा समर्थन करेगी।

जब हम किसी को आदर्श के रूप में देखते हैं, तो कई बार हम उससे प्रेम करने लगते हैं। फिर बाद में हम देखते हैं कि वह आदर्श नहीं है, इसलिए हम चेतन होकर उससे पहले से भी ज़्यादा प्रेम करना सीखते हैं।

जिसे आप अकेले देखते हैं, वह सपना सिर्फ़ एक सपना है। जिस सपने को आप मिलकर देखते हैं, वह वास्तविकता है।

— योको ओनो और जॉन लेनन

आपका भावनात्मक तंत्र मोटे तौर पर दो तत्वों में विभाजित किया जा सकता है : डर और प्रेम। हर स्थिति में डर की ऊर्जा और प्रेम की ऊर्जा के बीच चुनाव करना आप पर निर्भर करता है। यहाँ जिस डर का ज़िक्र किया गया है, वह उस

तरह का भाव नहीं है, जिसका अनुभव आप उस समय करते हैं, जब आपको शारीरिक तौर पर ख़तरा हो, जब मिसाल के तौर पर कोई जानवर आप पर गुर्राता हो या जब आप किसी गहरी खाई के कोने पर खड़े हों या कोई आपको धमकाता हो। यह उपयोगी डर है, ऐसा डर जो आपको ज़्यादा सतर्क बनाता है। जैसे ही ख़तरा चला जाता है, डर भी ग़ायब हो जाता है। जो डर तो प्रेम का विलोम है, वह है दीर्घकालीन डर - ऐसा डर जो बार-बार उत्पन्न होता है और गहराई में बैठा होता है।

जब आप अपने व्यक्तित्व को अपनी आत्मा के सामंजस्य में ले आते हैं, तो आप डर और प्रेम के बीच फ़र्क़ कर सकते हैं और अपने दैनिक निर्णयों में प्रेम को डर पर विजयी बना सकते हैं।

मार्सी शिमॉफ़

दलाई लामा से मिलने पर मैंने उनसे पूछा, "आप लोगों के बारे में क्या सोचते हैं?" इस सवाल का उन्होंने जो जवाब दिया, उससे मैं बहुत प्रभावित हुई। उन्होंने कहा कि लोगों को देखने के दो तरीक़े होते हैं। मैं हर व्यक्ति के बारे में सतही चीज़ों को देख सकता हूँ, जो हम सभी को अलग बनाती हैं या फिर मैं ज़्यादा गहरे, ज़्यादा बुनियादी स्तर तक जा सकता हूँ और उन चीज़ों को देख सकता हूँ, जो हम सभी को समान बनाती हैं, वे चीज़ें जो हमें जोड़ती हैं, हमारा बुनियादी आम मानव तत्व। उन्होंने कहा, "और मैं चाहे जिससे भी मिलूँ, मैं उसे उसी तत्व की बुनियादी दृष्टि से देखता हूँ, जो हम सभी को जोड़ता है। इससे कोई फ़र्क़ नहीं पड़ता कि मैं किसी देश के मुखिया से बात कर रहा हूँ या सड़क चलते राहगीर से। मैं अपने हृदय तथा उसके हृदय को देखता हूँ। हम सभी समान हैं।"

वाह, जीवन कितना भिन्न लगने लगता है, जब हम अपने बीच की साझी मानवता को देखते हैं!

जब कोई आपको तनावग्रस्त करे, तो यह देखने की कोशिश करें कि वह आपके व्यक्तित्व के एक तनावपूर्ण हिस्से को सक्रिय कर रहा है, आप पर शक्ति का इस्तेमाल करने की कोशिश नहीं कर रहा है। जब आप इस चेतना के साथ काम करते हैं, तो आपके व्यक्तित्व के भयभीत हिस्सों की शक्ति कम होने लगेगी। आप दयालुता के साथ सच्चाई बता सकते हैं, तब भी जब इसे सुनना मुश्किल होता है।

प्रेम उत्पन्न करना

जैसा चेतना गुरु जैक कॉर्नफ़ील्ड कहते हैं, "जब प्रेमपूर्ण हृदय की पृष्ठभूमि होती है, तो हम जो भी कोशिश करते हैं, जो भी चीज़ हमारे सामने आती है, वह ज़्यादा आसानी से खुलेगी और प्रवाहित होगी। प्रेमपूर्ण-दयालुता की शक्ति... आपके जीवन को शांत कर देगी और आपको अपने हृदय से जोड़े रखेगी।"

प्रेम की ऊर्जा दूसरों तक फैलती है - हमारे बच्चों, पड़ोसियों, समुदाय तक, हमारे उन संबंधों तक भी, जो उन लोगों के साथ होते हैं, जिन्हें हम संसार में नहीं जानते हैं।

मैरियन विलियमसन

मेरे पिता ने अभिभावक के रूप में शिक्षण के जो सबसे महान पल दिए, उनमें वे हमें ध्यान देने की याद दिलाते थे। यह डेथ ऑफ़ अ सेल्समैन की पंक्ति जैसा है, "ध्यान दिया जाना चाहिए।" प्रेमपूर्ण अनुभूति एक अभ्यास है।

दूसरों के प्रति प्रेमपूर्ण-दयालुता रखने से स्वास्थ्य बेहतर होता है। वैज्ञानिक अध्ययन सुझाव देते हैं कि प्रेमपूर्ण दयालुता का अभ्यास करने से सामाजिक जुड़ाव उत्पन्न होता है, दर्द और तनाव कम होता है तथा सकारात्मक भाव बढ़ते हैं। इसे करुणा का अभ्यास भी कहा जाता है। प्रेमपूर्ण दयालुता आपको परिस्थितियों को किसी दूसरे के दृष्टिकोण से देखने में मदद करती है। यह हृदय की शक्ति को बढ़ा देती है।

मैरियन विलियमसन

अ कोर्स इन मिरेकल्स (फ़ाउंडेशन फ़ॉर इनर पीस द्वारा) में एक पंक्ति है, "प्रेम तर्क को दोबारा स्थापित करता है, यह उलटे तरीक़े से नहीं होता।" तो हृदय के बिना जीना किसी ख़ास परिस्थिति में तार्किक लग सकता है, या कुछ नीतियों के अनुसार चतुराई भरी चीज़ भी लग सकता है। लेकिन अंततः मानव जाति के लिए एकमात्र टिकाऊ, बचने योग्य विकल्प यह है कि हम हृदय से जीना शुरू करें, कि हम प्रेम-केंद्रित दृष्टिकोण पर ज़्यादा ज़ोर देकर जीना शुरू करें।

प्रेम के बारे में बात करना हमारे लिए आसान है। प्रेम करना और प्रेम को साकार करना भी हमारे लिए आसान है, जब तक कि लोग उस तरह व्यवहार कर रहे हों, जिस तरह हम व्यवहार करते हैं। और वे लोग ठीक वही कह रहे हों, जो हम उनके मुँह से सुनना चाहते हों। लेकिन जीवन हमें एक ज़्यादा विस्तृत प्रेम खोजने की चुनौती देता है। प्रेम सिर्फ़ मेरे बच्चों के लिए ही नहीं, बल्कि शहर के दूसरे हिस्से के बच्चों के लिए भी और पृथ्वी के दूसरे सिरे के बच्चों के लिए भी। एक करुणा जो सिर्फ़ मेरे स्वार्थ के लिए ही नहीं है और सिर्फ़ उन लोगों के लिए ही नहीं है, जिनके साथ सहानुभूति रखना मेरे लिए आसान है, बल्कि उन लोगों के लिए करुणा, जो संभवतः मुझे पसंद न हों और उन लोगों के लिए भी करुणा, जिन्होंने हो सकता है मुझे दग़ा दिया हो या अपमान किया हो या इससे भी बुरा कुछ किया हो। प्रेम कहता है, "बच्चों को खिलाओ।" हम एकमात्र उन्नत प्रजाति हैं, जो सुनियोजित रूप से अपने ख़ुद के घर को नष्ट कर रही है। प्रेम क्या कहता है? "पृथ्वी का सुधार करो और इसे बचाओ।"

हृदय के ज़रिये, हम हृदय की सबसे बड़ी शक्ति का इस्तेमाल करते हैं - प्रेम की शक्ति।

मैरियन विलियमसन *(बायीं ओर)*

मनन

प्रेमपूर्ण-दयालुता या करुणा का अभ्यास

प्रेमपूर्ण–दयालुता करुणा को बढ़ाती है। इस मनन को करने के लिए आप शांति से बैठ जाएँ और ये चार वाक्यांश ख़ुद के सामने दोहराएँ, जो आपके और दूसरों के लिए दयालुता, करुणा और सद्भावना व्यक्त करते हैं। आप इन वाक्यांशों को किसी भी समय दोहरा सकते हैं – जब आप चेतन श्वसन का अभ्यास कर रहे हों या चल रहे हों, जब आप ट्रैफ़िक में फँसे हों, जब आप जागते हों और जब आप सोने जाते हों। आप उन्हें लिखकर अपने मैसेज बोर्ड या फ़्रिज या फ़ोन पर भी लगा सकते हैं। आप अंदर आने वाली साँस या बाहर जाने वाली साँस का अभ्यास करते समय या अपने श्वसन पर ध्यान एकाग्र किए बिना भी इन्हें कह सकते हैं, जो भी आपके लिए ज़्यादा आसान हो। आप इस प्रेम और दयालुता को पहले अपने लिए व्यक्त करके शुरू करते हैं, क्योंकि इससे आपका हृदय खुल जाता है, वहाँ प्रेम की ऊर्जा बढ़ जाती है और आपको इसे दूसरों को भेजने की अनुमति मिलती है।

ये वाक्यांश ख़ुद के सामने दोहराएँ :

मैं सुरक्षित रहूँ, मैं ख़ुश रहूँ, मैं स्वस्थ रहूँ, मैं शांति में रहूँ।

अगर आपको यह महसूस करने में मुश्किल आए कि आप ख़ुद को प्रेम कर रहे हैं, तो साँस लेते समय एक हाथ अपने दिल पर हल्के से रख लें और ये सारे वाक्य सोचें या कहें।

अब यह विचार किसी ऐसे व्यक्ति की ओर बाहर भेजें, जिसका

आपके जीवन पर सकारात्मक असर है : *आप सुरक्षित रहें, आप ख़ुश रहें, आप स्वस्थ रहें, आप शांति में रहें।*

इसके बाद ये विचार किसी ऐसे व्यक्ति की ओर भेजें, जिसके प्रति आपके मन में कोई सकारात्मक या नकारात्मक भावना न हो : *आप सुरक्षित रहें, आप ख़ुश रहें, आप स्वस्थ रहें, आप शांति में रहें।*

अब ये विचार अपने जीवन में किसी ऐसे व्यक्ति की ओर भेजें जिसके आपके साथ अच्छे संबंध न हों : *आप सुरक्षित रहें, आप ख़ुश रहें, आप स्वस्थ रहें, आप शांति में रहें।*

अंत में ये विचार संसार के सारे प्राणियों की ओर भेजें : *आप सुरक्षित रहें, आप ख़ुश रहें, आप स्वस्थ रहें, आप शांति में रहें।*

14. लचीलापन, डर और विपत्तियाँ

यदि आपका हृदय शक्ति हासिल करता है, तो आप दूसरों के बारे में बुरा सोचे बिना उनके दोष और परेशानियाँ दूर करने में सक्षम होंगे।

— गाँधी

माया ऐंजेलू की उपस्थिति उत्साह, ऊर्जा और करिश्माई व्यक्तित्व संप्रेषित करती थी। एक मशहूर कवि, संस्मरण लेखक, उपन्यासकार, शिक्षाविद्, अभिनेत्री, इतिहासकार, फ़िल्म निर्माता और नागरिक अधिकार कार्यकर्ता ऐंजेलू ने जातिवाद द्वारा विभाजित एक जटिल संस्कृति में बचे रहने के संघर्ष के बारे में लिखा है। भारी-भरकम उपलब्धियों के साथ सबसे बढ़कर वे बहुत करुणामयी महिला थीं, जिन्होंने हमेशा अपने दिल का अनुसरण किया, विपत्ति में भी और संपत्ति में भी, और जिन्होंने दूसरों से दिल से जीने का आग्रह किया।

मुझे ऐंजेलू के घर पर उनसे बातचीत करने का सौभाग्य मिला। सहजता से उन्होंने मुझे बताया कि वे मुलाक़ात के मेरे आग्रह के लिए तुरंत क्यों सहमत हो गई थीं : उनका मानना था कि यह उनके जीवन की ठीक वही अवस्था थी, जब वे दूसरों को यह समझने के लिए प्रोत्साहित कर सकें कि यह इतना अनिवार्य क्यों है कि हम अपने दिल से जिएँ - चाहे हम जो भी हों, चाहे हम जहाँ से भी आए हों और चाहे हमें जो भी अनुभव हुए हों।

अगर मुझे उनके साथ मेरी मुलाक़ात के आधार पर ऐंजेलू का एक शब्द में वर्णन करना हो, तो मैं लचीलेपन या विपत्तियों से जूझकर दोबारा उठने की शक्ति को चुनूँगा। ऐंजेलू उस निर्मम जातिवाद के बारे में बोलीं, जिसका सामना उन्होंने अपनी युवावस्था में किया था। उन्होंने उन दुखद घटनाओं के बारे में बात की, जिनका उन्होंने अनुभव किया था या जिन्हें उन्होंने देखा था। ऐंजेलू ने ऑर्गेनाइज़ेशन ऑफ़ अफ़्रीकन-अमेरिकन यूनिटी स्थापित करने में नागरिक अधिकार नेता और सुधारक मैलकम एक्स की मदद की और उन्होंने रेवरेंड मार्टिन लूथर किंग जूनियर्स सदर्न क्रिस्चियन लीडरशिप कॉन्फ़्रेंस के नॉर्दर्न कोऑर्डिनेटर के रूप में भी काम किया। 4 अप्रैल को - जो ऐंजेलू का जन्मदिन था - किंग की हत्या हो गई। इसके कुछ समय बाद ही मैलकम एक्स की हत्या के बाद ऐंजेलू को ऐसा महसूस हुआ, जैसे उनका संसार ढह गया हो।

लेकिन ऐंजेलू कटु नहीं थीं। इतने बरसों में वे उन घटनाओं को बुद्धिमत्ता में बदलने में सक्षम हो चुकी थीं। उन्होंने मुझे बताया कि वे जीवन के अन्याय को यह अनुमति नहीं देंगी कि वह उन्हें शिकार बनने की स्थिति में ले आए। उन्होंने जो भारी दुख झेला, उसने उनकी आत्मा के लचीलेपन को बढ़ा दिया। उन्होंने कहा, “कटुता कैंसर की तरह होती है। यह आपको बेहद कमज़ोर कर देती है।”

ऐंजेलू ने कहा, “आपको अपने दुखों को तिरोहित करने की ज़रूरत नहीं है, लेकिन आपको हमेशा दोबारा ख़ुशी पाने की कोशिश करनी चाहिए।” फिर उन्होंने अपने शब्दों पर ज़ोर देने के लिए एक सुंदर धार्मिक गीत की इन पंक्तियों को गाया :

अपने बोझ को ईश्वर के पास ले जाओ और उसे वहीं छोड़ दो
उसे वहीं छोड़ दो, उसे वहीं छोड़ दो
अपना बोझ ईश्वर के पास ले जाओ और उसे वहीं छोड़ दो।
अगर तुम भरोसा करते हो और कभी शंका नहीं करते हो,
तो वह निश्चित रूप से तुम्हें उबार लेगा।
अपना बोझ ईश्वर के पास ले जाओ और उसे वहीं छोड़ दो।

जीवन मुश्किल हो सकता है। आपके जीवन की दिशा कई चुनौतियाँ पेश करेगी। विपत्तियाँ अवश्यंभावी हैं और ऐसी शक्तियाँ होती हैं, जिन्हें आप नियंत्रित नहीं कर सकते : बीमारी, बुरी अर्थव्यवस्था, छँटनियाँ, प्रिय लोगों की मृत्यु। आपका हृदय इन

सबसे निबटने में आपकी मदद कर सकता है और आपको आपकी आत्मा के अंतर्निहित लचीलेपन के संपर्क में पहुँचा सकता है।

माया ऐंजेलू

हर दिन आप इस पर मेहनत करते हैं। हर दिन आप हृदय तक जाते हैं, हर दिन आप मुझसे बात करते हैं। हर दिन आप सही चीज़ करने की कोशिश करते हैं, सही लोगों द्वारा, सारे समय।

वह सारी भलाई करें, जो आप कर सकते हैं। सारे संसाधनों द्वारा, जिनसे आप कर सकते हैं। सारे तरीक़ों से, जिनसे आप कर सकते हैं। सारी जगहों पर, जहाँ आप कर सकते हैं। सारे लोगों के साथ, जिनके साथ आप कर सकते हैं। उतने लंबे समय तक, जब तक आप कर सकते हैं।

— जॉन वेस्ली

भले ही आपको यह अहसास हो कि जीवन दोबारा कभी पहले जैसा नहीं रहेगा, आप अपनी मुश्किलों से सीख सकते हैं और विकास कर सकते हैं। मुश्किल दौर से गुज़रना आपको ज़्यादा शक्तिशाली बना सकता है। प्रायः गंभीर इम्तहान लिए जाने और अपने खुद के संसाधनों के भरोसे पर छोड़े जाने से आप जीवन की एक बेहतर गुणवत्ता को आकार देने में सक्षम बनते हैं।

चाहे अतीत कितना भी मुश्किल रहा हो, आप हमेशा दोबारा शुरू कर सकते हैं।

— बुद्ध

निराशा और दुख के पलों में भी आपको अपने हृदय की बुद्धिमत्तापूर्ण सलाह पर भरोसा करने का साहस खोजने की ज़रूरत होती है। फिर आप सचमुच यह यक़ीन कर सकते हैं कि कोई विपत्ति संसार का अंत नहीं है, बल्कि यह दरअसल आपके जीवन में एक रोचक मोड़ ला सकती है।

माया ऐंजेलू

यह हृदय ही है जो आपके द्वार पर दस्तक देकर कह रहा है, "दरवाज़ा खोलो, मैं यहाँ हूँ, तुम्हें मेरी ज़रूरत है।" क्योंकि तब आप कहते हैं, "ओह, देखो मैं कहाँ हूँ, मैं नरक में हूँ। मैं यह नहीं जानता था।" लेकिन हृदय आपसे कहता है, "मुझ पर भरोसा रखो, मैं तुम्हें इससे बाहर निकाल लूँगा।"

माइकल बेकविथ

जीवन चुनौतियों से भरपूर है। चुनौतियाँ और मुश्किलें प्रायः वह भीषण गर्मी और अग्नि हैं, जो हमें वे उपहार, योग्यताएँ और क्षमताएँ खोजने के लिए प्रेरित करती हैं, जो हमारे भीतर ही हैं।

जब जीवन आपके मनचाहे तरीक़े से नहीं चलता है, तो आपका मस्तिष्क भाग्यवादी और दमनकारी परिदृश्य खोदकर निकाल सकता है, अवसरों के बजाय सीमाओं पर ग़ौर कर सकता है। इन सबसे बुरी स्थिति के परिदृश्यों से ऐसा महसूस होगा, मानो बाधाएँ उम्र क़ैद की सज़ा हैं। वे परिदृश्य आपको यह यक़ीन दिलाएँगे कि नौकरी से निकाले जाने या कोई संबंध ख़त्म होने के बाद जीवन अब जीने लायक़ नहीं रह गया है। लेकिन अगर आप अपने दिल के साथ संवाद करके इन विचारों से खुद को दूर खींचते हैं, तो आपको पुरस्कार में वह आत्मविश्वास मिलेगा, जिसकी बदौलत आप अंततः इस मुश्किल दौर से खुद को बाहर निकाल ले जाएँगे।

पाउलो कोएलो

जब आप पराजित हों और कष्ट में हों, तो यह नाटक न करें कि आप आध्यात्मिक दृष्टि से श्रेष्ठ हैं। बैठकर रोएँ। कहें, "हे मेरे ईश्वर, तुमने मुझे क्यों छोड़ दिया?" आपको रोने की अनुमति है, आपको पराजित होने की अनुमति है, कष्ट से बचने की कोशिश न करें, यह खुद को

धोखा देना है। लेकिन इसे एक समय सीमा दें, मान लें एक सप्ताह, एक महीने, जो भी ठीक लगे। और फिर अपनी सारी शक्ति के साथ कष्ट सहें। आप जानते हैं? कहें, "ठीक है, मैं कष्ट उठाने वाला हूँ, मैं रोने वाला हूँ, मैं कुछ नहीं खाने वाला हूँ, मैं बहुत सारा खाने वाला हूँ, मैं यह करने वाला हूँ, मैं वह करने वाला हूँ, मैं शिकायत करने वाला हूँ, मैं कई बार दैवी ऊर्जा का अपमान करने वाला हूँ।" लेकिन फिर आप खुद से कहते हैं, "यह जीवन का हिस्सा है।" हौसला न छोड़ें, आप इस स्थिति में ऐसी शक्ति के साथ जीते हैं, जो आप जानते भी नहीं थे कि आपमें थी। इतने डरपोक न बनें कि कष्ट से बचें। कष्ट सहें! यह ग़लत नहीं है।

मैं बहुत कष्ट झेलता हूँ। मेरा बहुत विरोध होता है। लेकिन फिर भी इससे उबरने पर मैं कहता हूँ, "मैं इससे जड़ नहीं होने वाला हूँ, लोग जो सोचते हैं कि मुझे करना चाहिए, मैं उसे स्वीकार नहीं करने वाला।" मैं ज़्यादा शक्तिशाली महसूस करता हूँ और यह मेरे लिए अच्छा है।

बुद्धिमत्ता का स्त्रोत वह है, जो भी आज हमारे साथ होने वाला है।

बुद्धिमत्ता का स्त्रोत वह है जो इस पल हमारे साथ हो रहा है।

— पेमा चडरन

हॉवर्ड मार्टिन

जब हम अपने भीतर ज़्यादा गहरे जाने का क़दम उठाते हैं, तो हम हृदय की बुद्धिमत्ता को खोज लेते हैं। और जब हम ऐसा करते हैं, तो ज़्यादा आशावादी, सुरक्षित दृष्टिकोण उभरने लगते हैं। हमारा आंतरिक संवाद भी बदल सकता है। अंततः हमारे पास इस तरह के आंतरिक विचार भी हो सकते हैं, जैसे, "यह एक भयंकर स्थिति है और मैं नहीं जानता कि मैं कैसे इससे उबरूँगा, लेकिन मैं पहले भी मुश्किल चीज़ों से गुज़र चुका हूँ और मैंने कोई न कोई तरीक़ा खोज लिया है। मैं शर्त लगाता हूँ कि मैं इस बार भी कोई न कोई तरीक़ा खोज ही लूँगा।" यह हृदय की बुद्धिमत्ता है, जो आपसे बोल रही है।

चूँकि आपके जीवन पर आपके हृदय का आपके मस्तिष्क की तुलना में ज़्यादा बड़ा दृष्टिकोण होता है, इसलिए यह आपको किसी समस्या को सुलझाने का तरीक़ा दिखा सकता है। शायद आपकी नौकरी खोना एक नए कामकाजी परिवेश में जाने की सीढ़ी बन सकता है, जहाँ आपको नई योग्यताएँ सीखने का मौक़ा मिले। शायद आप अपने किसी प्रिय व्यक्ति को गँवाने के बाद प्रेम देने का कोई नया तरीक़ा खोज लें। अपने हृदय से जुड़े रहें और इसके मार्गदर्शन को सुनें।

पाउलो कोएलो

अचानक आप त्रासदी का सामना करते हैं और कहते हैं, "हे मेरे भगवान, जीवन का अर्थ क्या है?" और फिर किसी त्रासदी से डरने के बजाय आप कहते हैं, "मैं अपने जीवन को बदलने जा रहा हूँ। मैं वह चीज़ करने जा रहा हूँ, जो मेरे लिए महत्त्वपूर्ण है, कोई ऐसी चीज़ नहीं, जो लोग मुझसे करने को कहते हैं।"

जब आप किसी विपत्ति को अपने दिल के लेंस से देखते हैं, तो हो सकता है कि यह वास्तविक विपत्ति को न बदल पाए, लेकिन यह उसके बारे में आपकी अनुभूति को बदल देता है। जब आपमें अपने दिल का अनुसरण करने का साहस होता है और जब आपको यह विश्वास होता है कि आपकी आत्मा आपको मंज़िल तक ले जाएगी, तो आप अपने जीवन को दोबारा चला सकते हैं।

माइकल बेकविथ

जब हम जागरूक बनते हैं कि चुनौतियाँ हमारी आत्मा की अभिव्यक्ति का हिस्सा हैं, कि वे जीवन का हिस्सा हैं, कि वे इस अवतार का एक हिस्सा हैं, इस आध्यात्मिक खोज का हिस्सा हैं, तो हम उन्हें अलग तरीक़े से देखने लगते हैं। हम एक आध्यात्मिक अभ्यास करने का इरादा करते हैं, जिसका उद्देश्य हमारा विकास है, जिसका उद्देश्य हमारी अभिव्यक्ति है, जिसका उद्देश्य हमें स्वयं से ज़्यादा बनाना है।

जब आप मुश्किल को इम्तहान के रूप में देखते हैं, जो आपकी आत्मा को शक्तिशाली बनाएगी, तो समय के साथ आपको पता चलेगा कि हालाँकि विपत्ति टाली नहीं जा सकती थी और आपको इसकी उम्मीद नहीं थी या आप इसके पात्र नहीं थे, लेकिन इसने विकास करने में आपकी मदद की।

नील डोनाल्ड वॉल्श

आप उन चीज़ों के लिए भी कृतज्ञ हो सकते हैं, जिनके बारे में आप मानते हैं कि वे आपके लिए अच्छी नहीं है, जिनके बारे में आप मानते हैं कि आप उन्हें नहीं चाहते, या जिनके बारे में आप चाहते हैं कि आपको उनका अनुभव नहीं होना चाहिए था। ऐसे पलों में भी बुद्धिमान लोग कहते हैं, "जीवन को धन्यवाद, ईश्वर को धन्यवाद, इस ख़ास अनुभव के लिए अपने दैवी-आत्म को धन्यवाद, क्योंकि मैं जानता हूँ कि कुछ ही समय में मैं उस असाधारण उपहार को देखूँगा, जो इस शारीरिक साक्षात्कार में लिपटा हुआ है।"

विपत्तियाँ आपकी आत्मा के लचीलेपन को टटोलने का अनूठा अवसर प्रदान करती हैं। आप नई विपत्तियों के साथ निबटने के लिए ज़्यादा योग्य बनकर उनसे बाहर आ सकते हैं। आप देखेंगे कि आपने रास्ते भर सामने से आती जिस तेज़ हवा का अनुभव किया था, वही आपकी यात्रा की कुंजी थी। आपका बचाव ज़्यादा ज़रूरी है। प्रेम तो और भी मधुर होता है। और आप विपत्ति के बाद मिलने वाली सफलता की क़द्र करते हैं, जब तक यह क़ायम रहे।

हमारी सबसे बड़ी महिमा कभी न गिरने में नहीं है, बल्कि गिरने के बाद हर बार उठने में है।

— कनफ़्यूशियस

जब जीवन एक संघर्ष हो, तब भी खुद को निराशा, क्रोध और आत्म-करुणा से स्वतंत्र करने के लिए हर उस चीज़ को याद करें, जिसके लिए आप कृतज्ञ हैं। कई

बार इन चीज़ों को देखना मुश्किल हो सकता है, लेकिन वे वहाँ होती हैं। कृतज्ञता आपको अपनी विपत्तियों के अनुपात और अर्थ का कायाकल्प करने की अनुमति देती है तथा उन्हें ज़्यादा सहने करने योग्य बनाती है।

रूडिगर शाख़े

यदि आप ख़ुद को क़द्र या कृतज्ञता द्वारा व्यक्त करते हैं, तो यह ईश्वर की ओर प्रेम भेजने जैसा है। कृतज्ञता का मतलब है अपना हृदय खोलना और ईश्वर को, सृष्टि को, अपनी आत्मा को और आप जिसमें भी यक़ीन करते हैं, उसे एक हाँ में सकारात्मक जवाब देना। कृतज्ञता उन सबसे शक्तिशाली चीज़ों में से एक है, जो आप अपने हृदय को खोलने के लिए कर सकते हैं।

आपके जीवन में चाहे जो हो, किसी उच्चतर योजना पर भरोसा रखें, किसी ज़्यादा बड़ी चीज़ के समर्थन पर भरोसा रखें और यह जान लें कि आप अकेले नहीं हैं। विपत्ति के दौर में भी यह याद रखें कि आप सिर्फ़ शरीर ही नहीं हैं, आप एक आत्मा हैं जो दूसरों से जुड़ी है।

गैरी ज़ुकाव

पाँच इंद्रियों वाला इंसान अनुभव को अच्छी क़िस्मत और बुरी क़िस्मत, सकारात्मक या नकारात्मक, सर्वश्रेष्ठ क़िस्मत या सबसे बुरी क़िस्मत के रूप में देखता है। लेकिन एक बहु-इंद्रिय मानव की अनुभूति ज़्यादा व्यापक होती है। एक बहु-इंद्रिय इंसान सारे अनुभवों को आध्यात्मिक विकास की संभावना के रूप में देखता है। सारे अनुभवों को।

जब कोई चीज़ जीवन में कष्ट देती है, तो हम आम तौर पर इसे अपना मार्ग या बुद्धिमत्ता का स्त्रोत नहीं मानते हैं। वास्तव में, हम सोचते हैं कि हम उस मार्ग पर इस वजह से हैं क्योंकि हमें इस भावना से मुक्ति पानी है... यह अपने हृदय को खोलने का, दयालु बनने

रूडिगर शाख़े *(दायीं ओर)*

का समय है, इसी समय, इसी पल। अभी समय है.. अभी ही एकमात्र समय है।

— पेमा चडरन, *वेन थिंग्स फ़ॉल अपार्ट*

हृदय आपको डर से निकालकर ले जाता है

डर और प्रेम विपरीत हैं, लेकिन वे एक दूसरे के पूरक भी हैं। जो भी चीज़ प्रेम नहीं है, वह डर है। प्रेम आत्मा से आता है, जबकि डर सारी नकारात्मक भावनाओं के लिए एक सामूहिक शब्दावली है, जिनमें क्रोध, चिढ़, ईर्ष्या, द्वेष, नफ़रत, शक्तिशाली होने का भाव और श्रेष्ठता या हीनता या दोनों का भाव शामिल हैं। डर वह हर चीज़ है, जो आपको अपने हृदय के साथ जोड़ने से रोकती है। इस प्रकार का डर उस शारीरिक जोखिम के अहसास से सर्वथा अलग होता है, जब आप ख़तरनाक आवाज़ें सुनते हैं या जब कोई आपको धमकाता है।

पाउलो कोएलो

ज़ाहिर है, ऐसे डर होते हैं, जो हममें होने चाहिए। सड़क पार करने से पहले इधर-उधर देखें, वरना कोई कार आपको टक्कर मार सकती है। यह एक सकारात्मक डर है। दूसरी ओर, ऐसे डर होते हैं, जैसे, "मैं इस महिला या इस आदमी से बात करने में डरता हूँ, क्योंकि मुझे अस्वीकृति का डर लगता है।" यह एक मूर्खतापूर्ण डर है। इसलिए अपने डरों का चुनाव करें और बुरे डरों से अपंग न बनें। वह डर वहाँ हमारा इम्तहान लेने के लिए है।

हम सभी में डर होते हैं। ज़ाहिर है, इससे खीझ होती है, और हममें से अधिकतर लोग हमारे व्यक्तित्व के डरे हुए हिस्सों पर गर्व नहीं करते हैं। लेकिन जब आप डर महसूस करते हैं, तो वे पल खुद की ज़्यादा समझ के आदर्श अवसर प्रदान करते हैं।

अगर आप डर और क्रोध का अर्थ जाने बिना उनसे मुक्ति पाने की कोशिश करते हैं, तो वे ज़्यादा शक्तिशाली बनकर लौटेंगे।

— दीपक चोपड़ा, *द थर्ड जीसस*

कोई भी चीज़ तब तक हमें मुक्त नहीं करती है,
जब तक कि वह हमें उसे न सिखा दे, जो हमें सीखने की ज़रूरत है।

— पेमा चडरन

गैरी ज़ुकाव

आपके व्यक्तित्व के डर पर आधारित हिस्से आपकी बाधाएँ नहीं हैं, वे आपके शत्रु नहीं हैं। वे तो आध्यात्मिक विकास के मार्ग हैं।

जब कोई आप पर किसी चीज़ को लेकर ग़लत आरोप लगाता है, जब कोई आप पर किसी चीज़ को थोपने की कोशिश करता है, जिसका आपसे ज़रा भी सरोकार नहीं है, तो आप शिकार और क्रोधित या रुष्ट महसूस करते हैं। फिर भी आप यह तय कर सकते हैं कि आप अपने क्रोध से कैसे निबटते हैं, बशर्ते आप उस पल अपने व्यक्तित्व को अपनी आत्मा के सामंजस्य में लाने का निर्णय ले लें। आपके क्रोध का कारण आपकी आत्मा नहीं, बल्कि आपके व्यक्तित्व का केवल वह डरा हुआ हिस्सा है, जो सामने वाले के व्यवहार (जिसने आप पर ग़लत आरोप लगाया है) को अन्यायपूर्ण मानता है। जब तक आप खुद को अपने व्यक्तित्व के किसी डरे हुए हिस्से से नियंत्रित होने देते हैं, आपकी बागडोर क्रोध के पास रहेगी।

रूडिगर शाख़े

बाहर जो होता है, वह आपके तंत्र में बस एक बटन दबाने की तरह है और फिर यह डर या क्रोध जैसी भावना को सक्रिय कर देता है। और फिर आप जो कर सकते हैं, वह आंतरिक संसार पर, क्रोध पर या डर पर ध्यान केंद्रित करना है।

माइकल बेकविथ

जब हम किसी डर को चुनौती देने पर विचार करते हैं, तो हम दरअसल अपने भीतर की डर से भरी जगहों पर जागरूकता का प्रकाश चमकाने पर विचार कर रहे हैं।

अपने क्रोध को प्रेम में बदलने के लिए अपने हृदय के साथ जुड़ने से पहले आपको अपने क्रोध का सामना करने की ज़रूरत होती है। फिर आप पहचान जाते हैं कि यह तो आपके व्यक्ति के डरे हुए हिस्से का आवेग है। खुद को याद दिलाएँ कि, अपने डर से निर्धारित व्यक्ति की तरह, आप सिर्फ़ व्यक्तित्व ही नहीं हैं, आप तो समान आत्माएँ हैं।

पाउलो कोएलो

यह एक आंतरिक युद्ध है, जिसमें आपको अपने अंतर्बोध पर विश्वास करना होता है, आपको अपने हृदय पर विश्वास करना होता है।

अपने क्रोध को अपमानजनक शब्दों या कार्यों में बदलने से खुद को रोकने के लिए अपने दिल पर भरोसा करें। अपने क्रोध को प्रेम में बदलने का चेतन निर्णय आपको अपनी दिशा तय करने में सक्षम बनाएगा और नकारात्मक भावनाओं को बागडोर थमाने से रोकेगा। अपने डरों के बारे में बार-बार मिलने वाले उपहारों की तरह सोचें, जो आपको विकास करने का मौक़ा देते हैं।

ईज़ाबेल आलिएंदे

जब हम डरे होते हैं, तो प्रेम को याद रखना बहुत मुश्किल होता है। डर संसार के सबसे शक्तिशाली भावों में से एक है।

जब आप नकारात्मक भावनाओं को महसूस कर रहे हों, तो खुद को यह याद दिलाना चुनौतीपूर्ण हो सकता है कि आप और आपका उत्पीड़क दो सुंदर आत्माएँ हैं, जो चेतना के एक ज़्यादा ऊँचे स्तर पर जुड़ी हुई हैं और आपका क्रोध आपके व्यक्तित्व के एक डरे हुए हिस्से के आवेग से ज़्यादा कुछ नहीं है।

आप यह दरअसल कैसे करते हैं?

लिंडा फ़्रांसिस

भले ही मैं अपने हृदय में दर्द महसूस करूँ, लेकिन मैं अपना दिल खोल देती हूँ। मैं बस अपने दिल में साँस लेती हूँ। मैं अपना दिल खोल देती हूँ और उन चीज़ों को याद करती हूँ, जिनकी मैं क़द्र करती हूँ, जैसे मेरे नाती-पोते, वह समय जब मैं किसी पहाड़ या नदी किनारे रही हूँ। मैं बस खुद को उस प्रेम की ओर खोल देती हूँ, जो मैंने अपने जीवन में पहले महसूस किया था। फिर मैं उस दृष्टिकोण को बदल सकती हूँ, जो मैं पहले रखती थी, जो मेरे व्यक्तित्व के इस डरे हुए हिस्से का भाग है।

रूडिगर शाख़े

अगर आप अपने जीवन की हर स्थिति में बुरे पहलू और अच्छे पहलू खोजने में सक्षम हैं, तो आप अपने सारे डरों को तोड़ने और अपने हृदय के मार्गदर्शन का अनुसरण करने में सक्षम होंगे। अच्छे पहलुओं पर ध्यान केंद्रित करें। यही आपका मार्ग है।

गैरी ज़ुकाव

आपको इन दर्द भरी अनुभूतियों या द्वेषदर्शी विचारों को यह तय करने की अनुमति देने की ज़रूरत नहीं है कि आप क्या कहें या करें। यही मुद्दे की बात है। उन्हें आपके कार्यों या आपके शब्दों का नियंत्रण करने की ज़रूरत नहीं है, भले ही आप उनका अनुभव कर रहे हैं। आप यह जितना ज़्यादा करते हैं, आपके व्यक्तित्व के इन हिस्सों की आप पर शक्ति उतनी ही कम होती जाएगी। वे फिर भी आते हैं, आप फिर भी उनका अनुभव करते हैं, वे फिर भी चोट

पहुँचाते हैं, लेकिन आप अब उनसे नियंत्रित नहीं होते हैं। नकारात्मक भावनाएँ आपके मार्ग में उत्पन्न होती रहेंगी, आपके हृदय से जुड़े होने के बाद भी। अगर आप उन्हें व्यक्त न करने का चुनाव करते हैं, तो वे आपके जीवन को नियंत्रित नहीं करेंगी, लेकिन आपको उनके बारे में जागरूक होने और उनकी जाँच करने की ज़रूरत है। आप यह चयन कर सकते हैं। प्रेमपूर्ण विचारों की ओर खुलें। यह आपका डर ही है, जो सामने वाले के व्यवहार की व्याख्या आरोप या किसी दूसरी चीज़ के रूप में करता है।

अपनी सच्ची शक्ति से कार्य करें। जिस व्यक्ति को आपके व्यक्तित्व के डरे हुए हिस्से नकारात्मक भाव का प्रेरक मानते हैं, उसका दरअसल आपके डर से कोई लेना-देना नहीं है।

जब हम ख़ुद को किसी मुसीबत में उलझा हुआ पाते हैं... तो हम ख़ुद को दुखी बना सकते हैं या हम ख़ुद को शक्तिशाली बना सकते हैं।

— पेमा चडरन

नकारात्मक भावनाएँ आपके ऊपर से अपनी पकड़ उसी पल ढीली करना शुरू करती हैं, जब आप अपने हृदय को खोलकर उनसे दूर मुड़ने का चुनाव करते हैं, जिस पल आप सचमुच प्रेम करते हैं और आपके हृदय में दूसरों के प्रति करुणा होती है। जब आपका व्यक्तित्व आपकी आत्मा के साथ पूरे सामंजस्य में होता है, तो आप अपने दिल की आवाज़ सुन सकते हैं, उन पलों में भी, जब कोई नकारात्मक भाव आपको डुबाने का ख़तरा पेश कर रहा हो।

पाउलो कोएलो

डर के साथ कुछ ग़लत नहीं है। इकलौती चीज़ जो ग़लत है, वह है डर से अपंग बनना। मैं सोचता हूँ कि जिस पल आप ख़ुद को डर से अपंग होने की अनुमति देते हैं, उसी पल आप डूब जाते हैं।

जब आप किसी नकारात्मक भावना का अनुभव करते हैं, तो आपके पास हर बार इसे प्रेम में बदलने का विकल्प होता है।

चूँकि किसी नकारात्मक भावना और व्यवहार के पीछे का इरादा आपके व्यक्तित्व के एक डरे हुए हिस्से में उत्पन्न होता है, इसलिए उस व्यवहार की ऊर्जा आपकी ओर लौटेगी। देखिए, आपका हर इरादा ऊर्जा है। और आप जो ऊर्जा प्रसारित करते हैं, वह हमेशा आपकी ओर लौटती है। यह क्रिया और प्रतिक्रिया का, कारण और परिणाम का नियम है। इसलिए आप जिस भी शाब्दिक अपमान और क्रोध का सहारा लेते हैं, वह आपको अपने आस-पास से ही वापस मिलेगा। जब आप प्रेम को डर के ऊपर चुनते हैं, तभी आप नकारात्मक भावनाओं के इस दुष्चक्र को तोड़ सकते हैं।

हम जो भी कर्म करते हैं, वह संग्रहीत होता है; भविष्य उसका परिणाम है, जो हम इस समय करते हैं।

— पेमा चडरन

आपकी आत्मा की प्रेमपूर्ण ऊर्जा आपके व्यक्तित्व को प्रेरित कर सकती है और इसे प्रेम देने और पाने में संतुष्टि खोजने की क्षमता प्रदान कर सकती है।

लचीलापन आपके लिए भी संभव है। आपकी परिस्थितियाँ चाहे जैसी हों, गरिमा रखना और चेतनता तथा प्रेमपूर्ण-दयालुता का अभ्यास आपके जीवन को समझ और प्रेम के मार्ग में बदल सकता है। संसार को इस बुद्धिमत्ता और प्रेम की आज जितनी ज़रूरत है, उतनी पहले कभी नहीं रही। हमारे ख़ुद के अभ्यास से हममें से प्रत्येक व्यक्ति अपने परिवार, समाज और पृथ्वी के प्रति अच्छाई के बीज बो सकता है। इस तरह, हम आत्मा की सच्ची तीर्थयात्रा में सहभागी बनते हैं, चाहे हम जहाँ भी हों।

— जैक कॉर्नफ़ील्ड

मनन

निडरता से जीना

जब आप डर महसूस करते हैं, वे पल आपको अपना दिल खोलने और वास्तविक शक्ति बनाने का आदर्श अवसर प्रदान करते हैं। डर आम तौर पर कल्पना में होता है, जिसे आपके व्यक्तित्व का एक डरा हुआ हिस्सा क़ायम रखता है। अपने दिल पर विश्वास करें, अपने डर का सामना करें और इसे अपने हृदय या आत्मा का नहीं, बल्कि अपने व्यक्तित्व के डरे हुए हिस्से का एक आवेग मानें। आप अपने डर को प्रेम में बदलने का विकल्प चुन सकते हैं। इस मनन में मैंने डर से निबटने और व्यवहार बदलने के प्रेरक गुरु रॉन्डा ब्रिटन और मनन गुरु पेमा चडरन के दिए तरीक़ों को मिला दिया है।

अपनी भावनाओं का इस्तेमाल अपने बारे में समझ को गहरा करने के सवालों के रूप में करने के लिए शांति से बैठें और एक स्थिति के बारे में सोचें, जिसमें आप डर या क्रोध महसूस करते हैं। सोचें कि आप क्या होने की उम्मीद कर रहे हैं – आप क्या उम्मीद करते हैं कि इस स्थिति में आप क्या करेंगे, और आप क्या उम्मीद करते हैं कि दूसरे लोग क्या करेंगे। क्या आप एक निश्चित तरीक़े से काम इसलिए कर रहे हैं, क्योंकि आप महसूस करते हैं कि आपको ऐसा करना ही है? क्या इससे आप रक्षात्मक या नाराज़ हो जाते हैं?

जब आप अपने भीतर डर उठता महसूस करें, तो ग़ौर करें कि आप किस तरह प्रतिक्रिया करने के आदी हैं। इसे रोकें। वह न कहें, जो आपने पहले कहा है। वह न करें, जो आपने पहले किया है।

कोई अपरिचित चीज़ करें। कुछ भी करें, बस वह न करें, जो आपने पहले किया है।

डर को अल्पकालीन मानें। भावना या डर को देखें, देखें कि यह क्या है और इसे छोड़ने या कम होने की अनुमति दें। हो सकता है आपके लिए कुछ न करना मुश्किल हो, लेकिन यह बेहतर हो सकता है कि आप बैठें, साँस लें और कुछ भी न करें। इन अपेक्षाओं को सकारात्मक इरादों में बदलने के लिए चेतन होकर साँस लें और अपने हृदय के साथ जुड़ें। इन नकारात्मक अपेक्षाओं को सकारात्मक इरादों में बदल दें। कल्पना करें कि आप हृदय से कैसे काम करेंगे और आप करुणा तथा प्रेम दूसरों तक कैसे पहुँचाएँगे।

15. क्षमा

कमज़ोर कभी क्षमा नहीं कर सकते। क्षमा करना तो
शक्तिशाली का गुण है।
— गाँधी

ईज़ाबेल आलिएंदे के साथ मेरी बातचीत सैन फ़्रांसिस्को के बाहर सैन रफ़ाइल, मैरिन काउंटी में उनके घर ला कासा द लॉस एस्पिरिटस में हुई। उन्होंने मुझे बताया कि मेरी ही तरह उन्हें भी उनके नाना-नानी ने पाला था। उनकी नानी बहुत आध्यात्मिक थीं और मृत आत्माओं से संवाद करती थीं। उनकी नानी ने ही उन्हें इस बात का अहसास कराया कि हम एक जादुई संसार में रहते हैं, जो उससे बहुत व्यापक है, जिसे हम अपनी पाँच इंद्रियों से अनुभव कर सकते हैं।

हम उनकी स्टडी में मिले, जहाँ एक टाइपराइटर रखा था, और जहाँ उन्होंने अपनी लिखी इतनी सारी बेहतरीन पुस्तकों को जीवन दिया है। आलिएंदे जोश से बोलती हैं। हर शब्द का प्रभाव होता है।

जब मैंने क्षमा के महत्त्व का सवाल उठाया, तो आलिएंदे कुछ मिनट के लिए शांत हो गईं। स्पष्ट रूप से यह एक ऐसी शक्ति थी, जो उनके हृदय के बहुत क़रीब थी। उन्होंने मुझे 1992 में अपनी बेटी पॉला की मृत्यु के बारे में बताया, जो मैड्रिड के एक अस्पताल में चिकित्सकों की लापरवाही की वजह से हुई। पॉला को पोरफ़िरिया था, एक आनुवंशिक रोग, लेकिन एक ऐसा रोग जो जानलेवा नहीं था। मगर डॉक्टरों

ने उसका सही इलाज नहीं किया और वह कोमा में चली गई और उसे वेंटिलेटर पर रखा गया। जब अस्पताल वालों ने उसका वेंटिलेटर हटा दिया, तो आलिएंदे पॉला को घर ले गईं और एक साल तक उसकी सेवा-सुश्रूषा की। उन्होंने आशा की, प्रार्थना की और दुआ माँगी कि पॉला कोमा से बाहर आ जाए।

जब पॉला मृत्यु के द्वार पर पहुँच गई, तो उसकी मृत्यु के कुछ घंटे पहले आलिएंदे ने अपनी माँ और बहू के साथ पॉला को स्पंज से साफ़ किया, उसे अच्छे कपड़े पहनाए और उसके बाल सँवारे। आलिएंदे ने पॉला के सीने पर कुछ पवित्र चीज़ें रख दीं : एक नारंगी फूल जो उसकी दादी ने अपनी शादी के समय पहना था, एक चाँदी का आईना, उसकी भतीजे-भतीजी की तस्वीरें और चाँदी का चम्मच। आलिएंदे ने पॉला की मृत्यु को अपनी बेटी की मुक्ति के रूप में देखा, लेकिन इसके बावजूद उन्हें गहरा दुख महसूस हुआ। बाद में उन्होंने लिखा, "जन्म से पहले मौन, मृत्यु के बाद मौन।"

पॉला की मृत्यु के बाद आलिएंदे ने "आवश्यकता पड़ने पर अनुभव किया कि क्षमा करने का क्या अर्थ है।" वे क्रोधित थीं, लेकिन आगे बढ़ने के लिए उन्हें डॉक्टरों को क्षमा करना था। वे यह समझती थीं कि हालाँकि डॉक्टर पॉला की मृत्यु के लिए ज़िम्मेदार थे, लेकिन वे उसे नुक़सान पहुँचाने का इरादा नहीं रखते थे।

ईज़ाबेल आलिएंदे

मैं अपनी बेटी को खोने के अनुभव से इसलिए गुज़री, क्योंकि एक अस्पताल में गड़बड़ी और लापरवाही थी। जो हुआ, उसके प्रति क्रोध और द्वेष के बोझ को मैं ज़िंदगी भर उठाकर घूम सकती थी। मैं अस्पताल को दोष दे सकती थी और उस पर दावा कर सकती थी, लेकिन इसके बजाय मैंने एक पुस्तक लिखने का विकल्प चुना। उस पुस्तक में मैंने एक तरह से पूरी चीज़ को साफ़ कर दिया। मैं समझ गई कि क्या हुआ था और मुझे अहसास हो गया कि किसी का कोई बुरा इरादा नहीं था। वहाँ अज्ञान था, लापरवाही थी, लेकिन उसे नुक़सान पहुँचाने का उद्‌देश्य नहीं था। मैंने क्षमा कर दिया और मैं अपनी बेटी की आत्मा के साथ उन्नीस साल से खुशी-खुशी रह रही

हूँ। अब मैं अपने साथ उस बोझ को नहीं उठा रही हूँ।

क्षमा करने का मतलब सामने वाले व्यक्ति के व्यवहार को समझना, उसकी रक्षा करना या अनुमोदन करना नहीं है या उस व्यवहार द्वारा उत्पन्न भावनाओं का कृत्रिम रूप से दमन करने की कोशिश करना नहीं है। न ही क्षमा करने का मतलब सामने वाले व्यक्ति के व्यवहार को अपनी स्मृति से मिटाना है, यह नाटक करना नहीं है कि चोट, अपमान या आघात कभी हुआ ही नहीं है। क्षमा करने का मतलब तो अपने हृदय के द्वार को दोबारा खोलना है और हमेशा-हमेशा के लिए यह उम्मीद छोड़ने के लिए तैयार रहना है कि अतीत अलग हो सकता था। इसका मतलब अन्याय से रहित अतीत की आशा को छोड़ना है।

मार्सी शिमॉफ़

क्षमा का मतलब यह नहीं है कि आप किसी दूसरे के व्यवहार को अनदेखा कर रहे हैं। यह सचमुच एक महत्त्वपूर्ण बिंदु है। क्षमा का तो सिर्फ़ यह मतलब है कि आप ख़ुद को उन ऊर्जा अवरोधों से मुक्त कर रहे हैं, जिन्हें आप रखे हुए हैं, उन द्वेषों को जिन्हें आप उठाए हुए हैं।

हॉवर्ड मार्टिन

क्षमा उन सबसे शक्तिशाली चीज़ों में से एक है, जो कोई कर सकता है। इसे करना मुश्किल है, क्षमा करना सबसे मुश्किल चीज़ों में से एक है, ख़ास तौर पर जब हम तर्कसंगत महसूस करते हैं कि हमारे साथ ग़लत किया गया है।

द्वेष की भावनाएँ रखने से न सिर्फ़ उस व्यक्ति के साथ आपके संबंध प्रभावित होते हैं, जिसे आप क्षमा कर सकते थे, बल्कि ये भावनाएँ आपके बाक़ी सभी संबंधों में

भी दाख़िल हो जाती हैं। आप अपने खुद के हृदय से पृथक होने का जोखिम उठाते हैं। द्वेष की भावनाएँ आपके हृदय में प्रेम और बुद्धिमत्ता के मुक्त प्रवाह को बाधित कर देती हैं। अपने भीतर प्रेम के अथाह स्त्रोत से जुड़ें, ताकि आप क्षमा कर सकें, अवरोधों को विघटित कर सकें और दोबारा प्रेम व करुणा में स्वतंत्रता से जी सकें।

ईज़ाबेल आलिएंदे

क्षमा करने से ही इंसान उस बोझ को दूर हटाता है, जो वह अपने साथ लिए रहता है।

क्षमा करने का अर्थ यह स्वीकार करना है कि आपके साथ ग़लत किया गया है, लेकिन यह भी कि आप घड़ी की सुइयों को विपरीत दिशा में नहीं चला सकते। हालाँकि आपको सामने वाले का व्यवहार याद है, लेकिन आप यह आशा नहीं करते कि चीज़ें भिन्न हो सकती थीं। इसकी जगह पर एक भविष्य-केंद्रित आशा रहती है, जिससे आप अब अतीत के क़ैदी नहीं रह जाते हैं। क्षमा करना पीछे पलटकर देखने के बारे में नहीं, बल्कि आगे देखने के बारे में है। यह इस बात का अहसास करना है कि किसी कार का सामने का काँच (विंडशील्ड) पीछे देखने वाले दर्पण (रियरव्यू मिरर) से बहुत ज़्यादा बड़ा क्यों होता है।

दूसरे शब्दों में : क्षमा करना यह धारणा त्यागने के बारे में है कि आपको किसी के ख़िलाफ़ दुर्भावना आजीवन क़ायम रखना है। अगर आप ऐसा करते हैं, तो आप दरअसल कभी खुश नहीं रह सकते। इसीलिए क्षमा इतनी महत्त्वपूर्ण है। और यह उस व्यक्ति के प्रति आपके दृष्टिकोण में एक बुनियादी परिवर्तन की माँग करती है, जिसे आप माफ़ कर सकते हैं। उसने आपको शिकार बनाया, इसके बजाय आपको उसे ऐसे व्यक्ति के रूप में देखना चाहिए, जो आपको आपके हृदय के ज़्यादा क़रीब लाने में मदद कर रहा था।

हॉवर्ड मार्टिन *(दायीं ओर)*

हॉवर्ड मार्टिन

जब हम क्षमा नहीं करते हैं, तो हममें आलोचना, हौसला छोड़ना जैसी चीज़ें घर बना लेती हैं, जो हमें लाभ नहीं पहुँचाती। वे बस हमें चोट पहुँचाती हैं, वे बस हमें नीचे की ओर ले जाती हैं। वे हमें कमज़ोर बनाती हैं और वे हमसे हमारे जीवन और सेहत की गुणवत्ता भी छीन लेती हैं।

जब आप क्षमा नहीं करते हैं, तो आप दुर्भावनाओं के बोझ तले कसमसाते रहते हैं। द्वेष अतीत की उस न मिट सकने वाली घटना की स्मृति से ज़्यादा कठोरता से आप पर वार करता है। द्वेष ज़हर के उस प्याले की तरह है, जिसे आप इस आशा में अपने गले के नीचे उतारते हैं कि इससे किसी दूसरे व्यक्ति की जान चली जाएगी। सामने वाले को तो कोई नुक़सान नहीं होता है, लेकिन आप अंततः खुद को नष्ट कर बैठते हैं।

हमारे जीवन में अलग-अलग समय पर हम सभी को गहरी चोट पहुँचाई गई है, बाहर रखा गया है, धोखा दिया गया है या ग़लत किया गया है। जब कोई ख़ास तौर पर क्षमा माँगता है, तो उस व्यक्ति को क्षमा करने के लिए खुद को तैयार करना अक्सर अविश्वसनीय रूप से मुश्किल होता है।

मैरियन विलियमसन

क्षमा स्वार्थ का काम है। आप कहते हैं, "मैं वहाँ अटके रहना नहीं चाहता। मैं चाहता हूँ कि मैं अतीत के इस बोझ के बिना अपने जीवन के साथ आगे बढ़ सकूँ। मैं अपनी खुद की ख़ातिर क्षमा करता हूँ।"

माइकल बेकविथ

क्षमा हमारे आध्यात्मिक विकास और अभिव्यक्ति के लिए अनिवार्य है।

क्षमा सबसे पहले और सबसे बढ़कर मुक्ति का कार्य है। आप ख़ुद को दूसरे व्यक्ति के व्यवहार द्वारा उत्पन्न कटुता से, अपने भीतर की कटुता से आज़ाद कर लेते हैं।

ईज़ाबेल आलिएंदे

क्षमा करना एक बहुत व्यक्तिगत चीज़ है, जो ऐसी जगह से आती है जहाँ प्रेम हैं। यह ऐसी जगह है, जहाँ आप ख़ुद के साथ शांति में होते हैं। मैं सोचती हूँ कि यह एक ऐसी चीज़ है, जो इतनी अंतरंगता से, इतनी गहनता से होती है कि आप इसे ज़बर्दस्ती उत्पन्न नहीं कर सकते। आप क्षमा के साथ तर्क नहीं कर सकते, यह हृदय में होती है। जब आप अपने दिल के साथ सामंजस्य स्थापित करते हैं, तो आप हर चीज़ को क्षमा कर देते हैं।

माया ऐंजेलू

क्षमा ही सब कुछ है। जब मैं क्षमा के बारे में सोचती हूँ, तो कृतज्ञता के साथ मेरी आँखें भीग जाती हैं कि क्षमा अस्तित्व में है।

क्षमा किसी दूसरे से बढ़कर स्वयं के लिए किया गया काम है। इसका संबंध आपके आध्यात्मिक स्वास्थ्य और शारीरिक स्वास्थ्य से है। यह एक ऐसी प्रक्रिया है, जिसका लक्ष्य आपके हृदय तक आने-जाने वाले सभी मार्गों को बाधारहित करना है, ताकि प्रेम और बुद्धिमत्ता खुलकर एक बार फिर प्रवाहित हो सकें।

आप जिस व्यक्ति को क्षमा कर रहे हैं, उसे आपको अपने जीवन में दोबारा प्रवेश देने की ज़रूरत नहीं है। यही नहीं, उस व्यक्ति को तो यह भी जानने की ज़रूरत नहीं है कि आपने उसे क्षमा कर दिया है। या शायद वे जान ही नहीं सकते, क्योंकि वे इस दुनिया से गुज़र चुके हैं। लेकिन अपने दिल में किसी व्यक्ति को क्षमा करने के लिए कभी भी बहुत देर नहीं होती।

मार्सी शिमॉफ़

क्षमा के बारे में सबसे प्रेरक चीज़ों में से एक तिब्बत के एक बौद्ध संन्यासी के बारे में है, जिसे चीन की सरकार ने बीस साल तक क़ैद रखा था। और उस दौरान उसके साथ बहुत बार बुरा बर्ताव किया गया, और पहरेदारों द्वारा पीटा गया। जब उसे रिहा किया गया, तो वह अमेरिका आया और दलाई लामा ने उससे बातचीत की। उन्होंने उससे पूछा, "तुम्हें कब महसूस हुआ कि तुम सबसे ज़्यादा ख़तरे में थे?" संन्यासी ने कहा, "मैं सबसे ज़्यादा ख़तरे में तब था, जब मैंने सोचा कि मैं अपने रक्षकों के प्रति करुणा और क्षमा महसूस करने की अपनी योग्यता गँवा दूँगा।"

क्षमा के बारे में सबसे प्रेरक चीज़ों में से एक तिब्बत के एक बौद्ध संन्यासी के बारे में है, जिसे चीन की सरकार ने बीस साल तक क़ैद रखा था। और उस दौरान उसके साथ बहुत बार बुरा बर्ताव किया गया, और पहरेदारों द्वारा पीटा गया। जब उसे रिहा किया गया, तो वह अमेरिका आया और दलाई लामा ने उससे बातचीत की। उन्होंने उससे पूछा, "तुम्हें कब महसूस हुआ कि तुम सबसे ज़्यादा ख़तरे में थे?" संन्यासी ने कहा, "मैं सबसे ज़्यादा ख़तरे में तब था, जब मैंने सोचा कि मैं अपने रक्षकों के प्रति करुणा और क्षमा महसूस करने की अपनी योग्यता गँवा दूँगा।"
शिमॉफ़ के लिए, नेल्सन मंडेला एक महान इंसान और क्षमा के एक मानव आदर्श हैं। 1994 में दक्षिण अफ़्रीका के पहले अश्वेत राष्ट्रपति चुने जाने से पहले उन्होंने श्वेत रंगभेदी सरकार के राजनीतिक क़ैदी के रूप में 27 साल से ज़्यादा समय गुज़ारा। इसमें से ज़्यादातर समय रॉबेन द्वीप पर गुज़रा, जो धरती पर नरक के समान था, जहाँ पहरेदार क़ैदियों को पीटते थे और अपमान करते थे। मंडेला की डाक को सेंसर किया जाता था और सीमित किया जाता था, इसलिए अपने परिवार के साथ उनका संपर्क न्यूनतम था। चूँकि वे प्रेम के बिना जी नहीं सकते थे और जीना नहीं चाहते थे, इसलिए मंडेला ने अपने पहरेदारों को क्षमा करने का विकल्प चुना। उन्होंने अपने दिल में उनके लिए प्रेम महसूस करने का विकल्प चुना। वे उनके साथ

बातचीत करते थे, उन्हें इतिहास पढ़ाते थे और एक पहरेदार को तो उन्होंने यह भी सिखा दिया कि आप जितना अधिक देते हैं, आपको उतना ही ज़्यादा मिलता है।

चूँकि मंडेला ने उन्हें क्षमा कर दिया, इसलिए पहरेदारों को उनके साथ बुरा बर्ताव करने में मुश्किल आती थी। इसलिए जेल के प्रबंधन को बार-बार पहरेदार बदलने पड़ते थे। उनकी आज़ादी उनसे छीन ली गई थी, लेकिन उन्होंने द्वेष और क्रोध से आज़ाद रहने का विकल्प चुना। राष्ट्रपति के रूप में मंडेला कई पहरेदारों के संपर्क में बने रहे।

हममें से ज़्यादातर लोगों को कभी उस तरह के निर्मम अनुभव से गुज़रना नहीं पड़ेगा, लेकिन क्या हम उन छोटे-छोटे अनादरों, दग़ाबाज़ी या हताशाओं के लिए करुणा और क्षमा महसूस करने में सक्षम हैं, जो हमारे जीवन में होती हैं?

माया ऐंजेलू

जब आप उपस्थित हों, तो पूरी तरह उपस्थित रहें। इसमें अपनी पूरी अच्छाई लाएँ। फिर मैं सोचती हूँ कि आपको क्षमा की शक्ति को देखने की अनुमति है।

एक बार जब आप सचमुच क्षमा कर सकें, तो आप विद्वेष की अपनी भावनाओं को किसी भारी बोझ की तरह अपने कंधों से फिसलने देने में सक्षम होंगे और अपने भीतर के प्रेम को आज़ाद कर देंगे। आप राहत की साँस लेने और एक साफ़ की हुई स्लेट से शुरू करने में सक्षम होंगे।

माइकल बेकविथ

न सिर्फ़ विषाक्त पदार्थ लोगों की आत्मा से निकल जाते हैं, बल्कि वे अपने खुद के अस्तित्व का एक ऐसा आयाम भी खोजते हैं, जो प्रकाश से इतना भरा है कि उन्हें पहले कभी पता ही नहीं था कि

यह वहाँ था। मेरे पास इसके लिए शब्द भी नहीं हैं। क्षमा संसार में रहने का बस एक शक्तिशाली तरीक़ा है।

क्या आपके जीवन में इस समय कोई है, जिसके व्यवहार ने कुछ समय से आपको बंधक बनाकर रखा है? कोई ऐसा जो उस बातचीत को रोकता रहता है, जो आप अपने हृदय के साथ करने की कोशिश कर रहे हैं? क्या यह आदर्श पल नहीं है कि आप ख़ुद को अपने क्रोध और अपने द्वेष से मुक्त कर दें?
नीचे दिए गए सुझाव आपके लिए मददगार हो सकते हैं।

- किसी को क्षमा करना आप पर निर्भर करता है। आप दर्द को दोबारा न जीने का, बल्कि अपने जीवन के साथ आगे बढ़ जाने का चुनाव कर सकते हैं। कोई दूसरा आपके लिए चुनाव नहीं कर सकता, और देखा जाए तो अंततः किसी दूसरे को उस चुनाव से आपसे ज़्यादा लाभ नहीं होगा।

- आपके क्रोध और द्वेष का आपके जीवन पर जो प्रभाव पड़ रहा है, उसके बारे में जागरूक बनें। ध्यान रखें कि यह प्रभाव हमेशा उस वापस न लौटने वाले अतीत के अनुभव से ज़्यादा बड़ा होगा।

- क्षमा करके आप ख़ुद को दोबारा ख़ुश होने और जीवन में आगे बढ़ने की अनुमति देते हैं। अपने हृदय में सामने वाले के लिए प्रेम और करुणा को पोषण देने की कोशिश करें।

- सामने वाले के दृष्टिकोण से स्थिति को देखने की कोशिश करें, चाहे यह कितना भी मुश्किल हो। आप सामने वाले के व्यवहार को नज़रअंदाज़ नहीं कर रहे हैं, लेकिन आप ही की तरह वह भी पृथ्वी पर आई एक आत्मा है।

- क्षमा के लिए समय निकालें। ज़रूरी नहीं कि आप आज ही किसी को क्षमा कर दें। कल एक और दिन है। क्षमा करने के लिए कभी ज़रूरत से ज़्यादा देर नहीं होती।

- अतीत में न अटके रहें, बल्कि अपनी एकाग्रता वर्तमान पल पर लाने की कोशिश करें। अतीत जा चुका है और आप घड़ी की सुइयों को वापस नहीं ले जा सकते।

मनन

चीज़ों को ठीक करना

प्राचीन समय से चला आ रहा क्षमा–अभ्यास शांति का मार्ग है। आप इसका इस्तेमाल अपने भीतर की समस्याओं या संघर्षों को सुलझाने या उन लोगों पर क्रोध संबंधी समस्याओं को सुलझाने के लिए कर सकते हैं, जिन्होंने आपको चोट पहुँचाई है।

इन चार वाक्यांशों को लिखें या कहें, "मुझे ख़ेद है। कृपया मुझे क्षमा करें। आपको धन्यवाद। मैं आपसे प्रेम करता हूँ।"

आप इन वाक्यांशों को अपने भीतर, अपने आपसे बोल सकते हैं। आप उन्हें किसी ऐसे व्यक्ति के लिए बोल सकते हैं, जिससे आप विरक्त हैं। आप उन्हें किसी ऐसे व्यक्ति की तरफ़ से भी बोल सकते हैं, जो मर चुका है।

अपने हृदय में इन चार वाक्यांशों के साथ बैठ जाएँ। अब, इन इच्छाओं को उस व्यक्ति के लिए महसूस करें, जिसे आपको क्षमा करने की ज़रूरत है। "मैं आपको क्षमा करता हूँ। कृपया मुझे क्षमा करें। आपको धन्यवाद। मैं आपसे प्रेम करता हूँ।"

हर दिन पाँच–दस मिनट किसी व्यक्ति या स्थिति के लिए ये इच्छाएँ भेजें। कुछ दिनों या एक–दो सप्ताह बाद आपको भावना का एक आंतरिक परिवर्तन महसूस होगा, भारी भावनाओं का हल्कापन महसूस होगा और आपका मनोबल ऊपर उठ जाएगा।

16. हृदय के साथ सभ्यता

यह मेरा सीधा-सादा धर्म है। मंदिरों की कोई ज़रूरत नहीं है,
जटिल दर्शन की कोई ज़रूरत नहीं है। हमारा ख़ुद का दिमाग़,
हमारा ख़ुद का दिल हमारा मंदिर है; और इसका दर्शन है दयालुता।
— दलाई लामा

आपका हृदय चेतना के ज़्यादा ऊँचे स्तर, प्रेम और बुद्धिमत्ता के स्तर तक पहुँचने का द्वार है। जब आप अपने हृदय का अनुसरण करते हैं, तो आपका संसार लेने के बजाय देने के इर्द-गिर्द घूमता है और आप एक सकारात्मक सभ्यता में योगदान देते हैं।

हर कार्य मायने रखता है। हर विचार और भाव भी मायने रखता है।
यही वह मार्ग है, जो हमारे पास है।
— पेमा चडरन

जब मैंने एकहार्ट टॉल से बातचीत की, तो मैंने पूछा कि हृदय का जागरण व्यक्तिगत अनुभव से परे कैसे कायाकल्प कर सकता है। उन्होंने जवाब दिया, "जो भी अपने हृदय के संपर्क में है, वह अपनी सच्ची प्रकृति से जुड़ा हुआ है। और जो

भी अपनी सच्ची प्रकृति से जुड़ा हुआ है, वह सारी जीवित चीज़ों की सच्ची प्रकृति से जुड़ा हुआ है। इस चेतना, हृदय की शक्ति के साथ एकता में जीने से एक नई वास्तविकता का निर्माण होगा। हमारे अलावा कोई चीज़ हमें स्वतंत्र नहीं करेगी।"

दरअसल खुद को दोबारा गढ़कर और हमारी आत्मा के आदर्शों को प्रतिबिंबित करके हमारा आंतरिक परिवर्तन बाहरी परिवर्तन को उत्पन्न करता है और आंतरिक शांति बाहरी शांति उत्पन्न करती है।

एक लंबी ख़ामोशी के दौरान मैंने उनके शब्दों पर मनन किया। मेरे लिए दायरा पूर्ण हो गया था। टॉल आख़िरी गुरु थे, जिनका मुझे फ़िल्म और पुस्तक के लिए साक्षात्कार लेने का सौभाग्य मिला। इस मुलाक़ात के दौरान मुझे पहले से भी ज़्यादा अहसास हुआ कि खुशी और आनंद अनिवार्यतः हृदय की शक्ति का सार हैं तथा केवल हृदय की शक्ति ही हमारे संसार का कायाकल्प करके एक नया संसार बना सकती है।

मैं केवल एक हूँ, और केवल एक हूँ। मैं हर चीज़ नहीं कर सकती,
लेकिन फिर भी मैं कुछ तो कर सकती हूँ; मैं उस कुछ को करने से इंकार
नहीं करूँगी, जो मैं कर सकती हूँ।
— हेलन केलर

ओल्ड टेस्टामेंट और न्यू टेस्टामेंट दोनों ही एक नए स्वर्ग और एक नई पृथ्वी की बात करती हैं। इस पृष्ठभूमि में स्वर्ग का मतलब जगह कम, चेतना का आंतरिक क्षेत्र ज़्यादा है। आप इसे अपना हृदय भी कह सकते हैं। पृथ्वी स्वरूप की अभिव्यक्ति है, जो आंतरिक स्व का प्रतिबिंब है। मेरे लिए एक नया स्वर्ग एक जाग्रत मानव चेतना का उदय है और एक नई पृथ्वी भौतिक संसार में उसका प्रतिबिंब है।
— एकहार्ट टॉल, *अ न्यू अर्थ*

पाउलो कोएलो

लगभग सौ साल पहले तेयार्द द शारदां नामक फ़्रांसीसी दार्शनिक के चर्च संबंधी बहुत अजीब विचार थे, इसलिए उन्हें चीन भेजा गया।

उन्होंने एक बहुत रोचक विचार दिया कि इस ग्रह के चारों ओर प्रेम की ऊर्जा है। वे कहते थे कि जिस दिन आप इस शक्ति को नियंत्रित करने में सक्षम हो जाते हैं या प्रेम की इस शक्ति का इस्तेमाल उस तरह करते हैं जिस तरह आप हवा की शक्ति का करते हैं, जिस तरह आप पानी की शक्ति का करते हैं, जिस तरह आप सूर्य की शक्ति का करते हैं, जिस पल आप इसे नियंत्रित करने में सक्षम हो जाते हैं, इसका उपयोग करने में सक्षम हो जाते हैं, तो हम संसार को बदल देंगे।

अंततः देश उनकी सेना के नहीं, बल्कि उनके दिल के आकार के आधार पर तौले जाएँगे।

– ऐंथनी डगलस विलियम्स

ईज़ाबेल आलिएंदे

मार्टिन लूथर किंग ने कहा था, हमारी सभ्यता के साथ समस्या यह है कि हमने हृदय को भुला दिया है। हमने शक्ति को प्रेम से अलग कर दिया है और हम एक सीमित ग्रह पर लोभ, शक्ति, हिंसा, स्वामित्व और उपभोग की संस्कृति में जीते हैं। यह सोचने और जीने का विचित्र तरीक़ा है।

एक बढ़ती सामूहिक जागरूकता यह है कि भविष्य हमारे हृदय में निहित है और अगर हम हृदय के साथ अपने जुड़ाव को दोबारा स्थापित कर लें, तो हम व्यक्तिगत और सामूहिक दृष्टि से बेहतर बन जाएँगे।

जो डिस्पेंज़ा

मस्तिष्क और पदार्थ संबद्ध हैं। इंसान के रूप में हमारी एक बहुत बड़ी चुनौती यह है कि हम वस्तुपरक संसार यानी हमारे बाहर जो हो रहा

है, और व्यक्तिपरक संसार यानी हमारे भीतर जो हो रहा है, इन दोनों के बीच सचमुच एक पुल बना दें। क्वॉन्टम फ़िज़िक्स हमें बताती है कि हमारा परिवेश हमारे मस्तिष्क का विस्तार है। तो अगर हम सचमुच अपने मन को बदल लें, तो हमारे जीवन में कुछ प्रमाण होना चाहिए। एक नई वास्तविकता या एक नई तक़दीर बनाने के लिए हमें किसी चीज़ की एक स्पष्ट तस्वीर रखनी होती है, जिसे हम अपने भविष्य में चाहते हैं - हम इसे इरादा कहते हैं। जब हम समान मानसिकता वाले लोगों को खोजना शुरू करते हैं, जो हृदय से जीते हैं और हममें वही ऊर्जा साझी होती है, तो हम बुद्धिमत्ता के क्षेत्र में संबंध जोड़ने लगते हैं, स्थान और समय से परे एक क्वॉन्टम फ़ील्ड में।

जिस तरह आयन विद्युत-चुंबकीय रूप से एक साथ जुड़े होते हैं, उसी तरह जो लोग दिल की चेतना उत्पन्न करते हैं, वे भी जुड़ जाते हैं। एक अदृश्य शक्ति आयनों को एक साथ बाँधती है और बाँधे रखती है। हृदय की चेतना भी हमें एक साथ बाँधेगी और हमें अभी तथा भविष्य में एक बिलकुल नए संसार में जीने की अनुमति देगी।

जो डिस्पेंज़ा

जिस पल हम हृदय के सामंजस्य के उस स्तर पर पहुँचते हैं, चाहे हम मनन में हों या प्रकृति या वास्तविक शक्ति में, तो हम ख़ुशी और प्रेम के एक स्तर का अनुभव शुरू कर देते हैं, जो हमारे भीतर से आ रहा है। जब हम इस जगह पहुँच जाते हैं और बहुत पूर्ण महसूस करते हैं, तो हम एक ऐसे साम्राज्य में होते हैं, जहाँ हम कोई भी चीज़ पा सकते हैं, लेकिन अब उसे पाना नहीं चाहते हैं। तब चमत्कार हमारे चारों ओर होने लगते हैं। और सृष्टि का तंत्र नए और असामान्य तरीक़ों से सामने आता है।

हममें से प्रत्येक को यह परिवर्तन, यह नई पृथ्वी, यह नई सृष्टि उत्पन्न करने में मदद करनी चाहिए।

दीपक चोपड़ा

अगर आप उन बड़ी समस्याओं को देखें, जो आज मानव जाति के सामने हैं - चाहे यह सामाजिक अन्याय हो या भारी ग़रीबी हो या आर्थिक असमानताएँ या युद्ध या आतंकवाद या जलवायु की गड़बड़ी हो - ऐसा इसलिए है, क्योंकि हमने अपनी आत्मा के साथ जुड़ाव खो दिया है और अपने हृदय के साथ जुड़ाव खो दिया है।

जेन गुडऑल

अगर हम अपने चालाक मस्तिष्क और प्रेम व करुणा के बीच यह संतुलन हासिल नहीं कर सकते - वे चीज़ें जिन्हें हमें सचमुच मानवीय बनाना चाहिए - तो भविष्य बहुत स्याह है।

समाज के सभी वर्गों में कई लोगों के मन में यही चिंताएँ हैं, लेकिन हम एक निर्णायक मोड़ पर पहुँच रहे हैं, जहाँ हम दिल से एक समाज उत्पन्न करने के हमारे इरादों में स्पष्ट हो सकते हैं।

जो डिस्पेंज़ा

इस भावी संभावना के साथ आपको इस हद तक प्रेम करना होगा कि आप यह महसूस करने लगें कि उस वास्तविकता में जीना कैसा होगा। जब हम कृतज्ञता या ख़ुशी की इस अवस्था को महसूस करने लगते हैं, तो शरीर और मस्तिष्क यह विश्वास करने लगते हैं कि वे इसी समय उस भावी वास्तविकता में हैं।

मैरियन विलियमसन

अंततः मानव जाति का एकमात्र दीर्घकालीन और बचे रहने का

विकल्प यह है कि हम हृदय से जीना शुरू करें, कि हम दरअसल प्रेम-केंद्रित दृष्टिकोण पर ज़्यादा ज़ोर देकर जीना शुरू करें।

गैरी ज़ुकाव

हम एक भारी और अभूतपूर्व कायाकल्प के बीच में हैं। एक ऐसा कायाकल्प, जो अगली कुछ पीढ़ियों में इस पृथ्वी पर हर एक को स्पर्श करेगा। यह नई मानव चेतना का जागरण है। यह पाँच इंद्रियों से परे हमारी अनुभूति का विस्तार है। यह अर्थ तक, और उद्‌देश्य तक और करुणा और बुद्धिमत्ता तक का विस्तार है, जो वास्तविक हैं, लेकिन भौतिक नहीं हैं।

ज़्यादा से ज़्यादा लोग यह जानने लगे हैं कि हृदय एक विस्तृत आयाम का प्रवेश-द्वार है, और हम हृदय की चेतना की इस नई प्रणाली के माध्यम से जुड़े हुए हैं तथा स्वर्णिम अवसरों को प्राप्त कर रहे हैं।

पाउलो कोएलो

आपका हृदय अवसरों की एक विशाल खिड़की खोल रहा है।

माइकल बेकविथ

अगर आप अपने हृदय का दोहन करें, तो आप उभरते हुए प्रतिमान का दोहन करेंगे। आपका ख़ास अनुभव वहीं होगा, जहाँ आप अपने ध्यान को केंद्रित कर रहे हैं। यह एक बहुत शक्तिशाली समय है।

मानव जाति के लिए यह नया स्वप्न जीने का एक ज़्यादा स्वाभाविक, वास्तविक तरीक़ा है। इसमें मित्रों, परिवार वालों और जीवनसाथी के साथ अर्थपूर्ण संबंध

शामिल हैं। यह हमें अपनी पूरी क्षमता का दोहन करने और जीवन तथा कामकाज में संतुष्टि पाने में सक्षम बनाता है, साथ ही हम अपने आस-पास के संसार के प्रति ज़्यादा बड़ा योगदान देते हैं।

ईज़ाबेल आलिएंदे

यह विकास में एक नए क़दम का समय है। यह हो रहा है, इसे लेकर मैं बहुत आशावादी हूँ, बहुत उम्मीद से भरी हूँ।

पूरे संसार में लोग और संगठन अहसास कर रहे हैं कि जैसे ही हम अपने दिल से जीना शुरू करते हैं, तो हमारे तथा हमारे आस-पास के लोगों के जीवन की गुणवत्ता बेहतर हो जाती है।

एकहार्ट टॉल

इसका मतलब यह नहीं है कि यह पृथ्वी पर ज़्यादातर इंसानों के साथ पहले से ही हो रहा है, इसका मतलब तो यह है कि यह पहले की तुलना में ज़्यादा इंसानों के साथ हो रहा है।

जेन गुडऑल

शारीरिक विकास एक क्रमिक प्रक्रिया है। सांस्कृतिक विकास ज़्यादा तेज़ी से हो रहा है। फिर हम नैतिक विकास पर आते हैं, जहाँ हम काम करने के सही और ग़लत तरीक़े के बारे में सोचना शुरू करते हैं। और फिर हम आध्यात्मिक विकास की ओर बढ़ते हैं, जहाँ हम सचमुच वह अनुभव कर सकते हैं, जो मैं मानती हूँ कि इंसान करने में सक्षम हैं, जो इस महान आध्यात्मिक शक्ति का हिस्सा बनना है, जो मैं महसूस करती हूँ कि हमारे चारों ओर है - प्रकृति का हिस्सा, अनंत का हिस्सा, सृष्टि का हिस्सा।

मैरियन विलियमसन

हममें से कई लोग अपने व्यक्तिगत जीवन में इसे कई तरह से देख रहे हैं। और अगला क़दम है हमारे निजी जीवन का कायाकल्प करने वाले सिद्धांतों को लेकर उनका इस्तेमाल संसार के कायाकल्प के लिए करना।

यह प्रवृत्ति हमारे व्यक्तिगत जीवन में देखी जा सकती है, साथ ही सामाजिक, आर्थिक और राजनीतिक पृष्ठभूमियों में भी। कंपनियाँ आर्थिक लाभ की अपनी खोज को व्यक्तियों और समाज और - शायद सामाजिक कार्यकर्ता संगठनों के दबाव तले - हमारे ग्रह के सौंदर्य के प्रति सम्मान के साथ ज़्यादा जोड़ रही हैं। मुनाफ़े को अधिकतम करने की पुरानी रणनीतियाँ ग़ैर-प्रभावी बन चुकी हैं।

मैरियन विलियमसन

यह डर से प्रेम की ओर बढ़ रहा है। यह एक बड़ी विकासवादी छलाँग है, हमारे भीतर भी और मानव जाति के लिए भी।

बहरहाल, हृदय से जीने का चुनाव करना एक व्यक्तिगत निर्णय है। केवल आप ही हृदय से काम करने का चुनाव कर सकते हैं।

गैरी ज़ुकाव

हृदय-केंद्रित बनना चुनाव का मामला है, ज़िम्मेदार चुनाव का। यह एक ऐसा चयन है, जिसे केवल आप ही कर सकते हैं। कोई दूसरा इसे आपके लिए नहीं कर सकता।

लेकिन आपका निर्णय मायने रखता है।

जेन गुडऑल

मेरे पास किसी के लिए भी जो सबसे महत्त्वपूर्ण संदेश है, वह यह है कि हर दिन हम कुछ न कुछ फ़र्क़ लाते हैं। हर दिन हम अपने आस-पास के संसार पर असर छोड़ते हैं और हमारे पास यह विकल्प होता है कि हम किस तरह का फ़र्क़ लाना चाहते हैं। और अगर हम अपने चुने हुए विकल्पों के परिणामों के बारे में सोचने में कुछ समय लगाएँ, तो मैं सोचती हूँ कि लोग ज़्यादा सार्थक जीवन जीने लगेंगे।

हम एक बड़ा फ़र्क़ कैसे ला सकते हैं, यह सोचने में हमें इस बात को नज़रअंदाज़ नहीं करना चाहिए कि हम हर दिन छोटे-छोटे फ़र्क़ कैसे डाल सकते हैं, जो समय के साथ जुड़कर उन बड़े बदलावों में बदल जाते हैं, जिनका हम अक्सर पूर्वानुमान नहीं लगा सकते।
— मैरियन राइट एडेलमैन

अपने हृदय की बुद्धिमत्ता पर ध्यान देकर आप अपने व्यक्तित्व को अपनी आत्मा के सामंजस्य में ला रहे हैं और वास्तविक शक्ति उत्पन्न कर रहे हैं।

दीपक चोपड़ा

अगर आप इन समस्याओं को सही करना चाहते हैं, तो हमें हमारी चेतना में एक बदलाव करना होगा। और उस बदलाव का मार्ग हमारे दिमाग़ से हमारे दिल तक पहुँचना है।

माइकल बेकविथ

यह मानवता के विकास में हमारी अगली लम्बी छलाँग है : एक प्रेमपूर्ण अस्तित्व जो किसी लघु स्व से नहीं सोच रहा है, बल्कि

हृदय के ज़्यादा व्यापक दृष्टिकोण से सोच रहा है। हम केवल सतही व्यक्तित्व से नहीं, बल्कि अपने केंद्र से जुड़ने लगते हैं। यह संसार में रहने का एक बिलकुल अलग तरीक़ा है। और जब हम संसार में इस तरह रहना शुरू करते हैं, तो हमेशा फैलती हुई अच्छाई - जो स्वर्ग का एक और नाम है - का क्षेत्र हमारे ग्रह पर प्रकट होने लगता है।

रोलिन मेक्रेटी

शोध हमें बताता है कि हृदय की बुद्धि का अनुसरण न करना हमें अलगाव की ओर ले जाता है, जो दरअसल हमारे परिवारों, हमारे समुदायों और पूरे संसार की अंतर्निहित समस्या है।

हृदय की कई शक्तियों को खोजते हुए आप एक अलग चेतना से जीना शुरू करते हैं। आप अपने हृदय का अनुसरण करते हैं। आप अपनी आत्मा की आवाज़ को सुनने के लिए संपर्क करते हैं। आप अपने उद्‌देश्य की दिशा में मुड़ जाते हैं। अब आप उन चीज़ों को करने का साहस खोजते हैं, जिनके बारे में आपको महसूस होता है कि आप उन्हें करने के लिए पैदा हुए थे।

गैरी ज़ुकाव

यह कैसा दिखेगा? यह सर्वव्यापी मानव का संसार होगा। सर्वव्यापी मानव संस्कृति से परे, देश से परे, धर्म से परे, लिंग से परे, और आर्थिक ओहदे से परे का मानव होगा। एक ऐसा मानव, जिसकी पहली निष्ठा जीवन के प्रति है और बाक़ी सबके प्रति बाद में।

एकहार्ट टॉल

और केवल जाग्रत चेतना से ही इंसान इन अनिवार्य गुणों को प्रकट

रोलिन मेक्रेटी *(बायीं ओर)*

कर सकते हैं - वे गुण, जो व्यक्तिगत मानव जीवन के लिए अनिवार्य हैं और सभ्यता के लिए अनिवार्य हैं - जो करुणा हैं, जो दयालुता हैं, जो खुशी और सृजनात्मकता हैं, जो केवल जुड़ाव की अवस्था से ही प्रवाहित हो सकते हैं। और इस तरह एक नया संसार उत्पन्न होता है। और जो नया संसार उत्पन्न होता है, वह चेतना की उस अवस्था की एक अभिव्यक्ति है। क्योंकि जो भी संसार हम उत्पन्न करते हैं, जो भी हम संसार के रूप में अनुभव करते हैं, वह दरअसल हमारी चेतना की अवस्था का ही प्रतिबिंब होता है।

मैरियन विलियमसन

जब हम इस बिंदु पर पहुँचते हैं, जहाँ हम अपने भीतर इस कायाकल्प का अनुभव करते हैं, जहाँ डर के बजाय प्रेम से जीने की वजह से हमारे खुद के जीवन की परिस्थितियों का कायाकल्प हो गया है, तो हम ज़रिया बन जाते हैं। हम पात्र बन जाते हैं और हमारे पास नैतिक सत्ता होती है, जिससे हम ग्रह के लिए वह संभावना बता सकते हैं। हम उस संभावना को सिर्फ़ कोरे सिद्धांत के रूप में नहीं बताते हैं, बल्कि इसलिए बताते हैं, क्योंकि हम खुद अपने जीवन में उस कायाकल्प को देख चुके हैं।

हृदय की आश्चर्यजनक शक्ति के ज़रिये एक संपूर्ण नया संसार आपके लिए खुल जाता है, जिसमें संयोग जैसी कोई चीज़ नहीं होती। आप डर का कायाकल्प प्रेम में कर लेते हैं, आप विपत्तियों को समायोजित करते हैं और उन्हें आध्यात्मिक विकास के अवसर के रूप में अंगीकार करते हैं। आप उन लोगों को क्षमा करते हैं, जिन्होंने आपको चोट पहुँचाई है और खुद को द्वेष से मुक्त कर लेते हैं। यह सब इसलिए क्योंकि आपका हृदय ज़्यादा बड़ी तस्वीर देख सकता है।

माया ऐंजेलू

हृदय हर उस चीज़ में शामिल होगा, जिसमें हमें विकसित होना चाहिए। हम आने वाले कल का आसमान नहीं देख सकते, लेकिन हृदय इसे देख लेता है। यह हमें निर्देशित करेगा कि हमें कल के आसमान पर कैसे काम करना चाहिए। बहुत संभव है कि हम इसे पहले से ही जानते हों, लेकिन अगर हम नहीं जानते हैं, तो हृदय हमें बता देगा, बशर्ते हम सुनें।

जब आप अपने हृदय से जीते हैं, तो आप प्रेमपूर्ण-दयालुता के प्रभाव दूसरों में देखेंगे। हृदय की शक्ति असीम है, वास्तव में भी और आलंकारिक रूप से भी।

शिष्टता और दयालुता नैतिक अनिवार्यताएँ हैं।
— जेन आस्टन

एकहार्ट टॉल

जब आप हृदय से जीते हैं और ज़्यादा से ज़्यादा लोग भी हृदय से जीने लगते हैं, तो एक लहर जैसा प्रभाव होता है। आप जहाँ हैं, वहाँ से लहर उठती है और फिर आपको यह वापस मिल जाती है। और फिर यह बाहर फैलती है, यह दूसरों को प्रेरित कर देती है। ऐसा हो ही नहीं सकता कि आपकी चेतना की अवस्था दूसरों को प्रभावित न करे। यदि आप हृदय से जी रहे हैं, तो इसी का अनुभव आप दूसरों में करते हैं। यह लगभग एक चमत्कार है कि आप दूसरे इंसानों के साथ जैसा व्यवहार करते हैं, उसी से काफ़ी हद तक यह तय होता है कि आपको दूसरों से बदले में क्या मिलता है।

माया ऐंजेलू

अगर हमें प्रजाति के रूप में विकास करना है, तो हमारे हर काम में, हर चीज़ में हृदय महत्त्वपूर्ण है। हृदय अनिवार्य है। अगर हमें बेहतर नागरिकों में विकसित होना है, तो हृदय इस विकास में शामिल है।

माइकल बेकविथ

हम यही बनने जा रहे हैं : हृदय-केंद्रित प्राणी।

गैरी ज़ुकाव

मेरा स्वप्न सृष्टि के नागरिकों का एक संसार है। सर्वव्यापी मानव हमारा आह्वान कर रहा है। यह आपका आह्वान कर रहा है।

मार्ग पूरी तरह से खुला है। जब आप उस मार्ग पर चलते हैं, तो आप हृदय वाले इंसान बन जाते हैं। आपकी आत्मा के इरादे एक नई पृथ्वी को जन्म देंगे।

हर दिन आप एक फ़र्क़ पैदा करते हैं। आप भी महात्मा गाँधी की आवाज़ में अपनी आवाज़ मिलाते हुए यह कह सकते हैं, “मेरा जीवन ही मेरा संदेश है।”

इस पुस्तक के सह-निर्माताओं का परिचय

ईज़ाबेल आलिएंदे

1982 में चिली की लेखिका ईज़ाबेल आलिएंदे ने अपनी पहली बेस्टसेलर *द हाउस ऑफ़ द स्पिरिट्स* से विश्वव्यापी शोहरत हासिल की। इस पुस्तक ने उन्हें लेखिका के रूप में स्थापित ही नहीं किया, बल्कि दक्षिण अमेरिकी साहित्यिक जगत में नारी अधिकारवादी शक्ति के रूप में नक़्शे पर भी स्थापित कर दिया। उनकी पुस्तकों का अनुवाद तीस से ज़्यादा भाषाओं में हो चुका है और पूरे संसार में उनकी 5.7 करोड़ से अधिक प्रतियाँ बिक चुकी हैं। उनका सृजन मनोरंजक और ज्ञानवर्धक दोनों हैं, क्योंकि वे रोचक कहानियों को बड़ी ऐतिहासिक घटनाओं के साथ जोड़ देती हैं। अपने लेखन के साथ-साथ ईज़ाबेल आलिएंदे अपना बहुत सा समय मानव अधिकारों के लिए समर्पित करती हैं। 1992 में उनकी बेटी पॉला की मृत्यु के बाद उन्होंने उसके सम्मान में ईज़ाबेल आलिएंदे फ़ाउंडेशन स्थापित किया, जो पूरे संसार में महिलाओं और बच्चों के संरक्षण के लिए काम करता है। ईज़ाबेल के बारे में अधिक जानकारी उनकी वेबसाइट www.isabelallende.com पर पाई जा सकती है।

डॉ. माया ऐंजेलू (1928-2014)

डॉ. माया ऐंजेलू हमारे समय की सबसे मशहूर और सबसे प्रभावी हस्तियों में से एक थीं। कवि, उपन्यासकार, संस्मरण लेखिका, शिक्षक, नाटककार, फ़िल्म निर्माता, अभिनेत्री, इतिहासकार और नागरिक अधिकार कार्यकर्ता के रूप में उनके काम की व्यापक सराहना होती है। उनके सृजन में तीस से ज़्यादा बेस्टसेलर्स शामिल हैं, कथा साहित्य भी और ग़ैर-कथा साहित्य भी। वे दो प्रेसिडेंशियल कमेटियों में अपनी सेवाएँ दे चुकी हैं। उन्हें वर्ष 2000 में प्रेसिडेंशियल मेडल ऑफ़ आर्ट्स और 2008 में लिंकन मेडल दिया गया, साथ ही तीन ग्रैमी अवॉर्ड भी मिले और उन्हें कई मानद डॉक्टरेट प्रदान की गईं। उन्हें टोनी अवॉर्ड, एमी अवॉर्ड और पुलित्ज़र पुरस्कार के लिए भी नामित किया गया था। 2011 में राष्ट्रपति ओबामा ने उन्हें प्रेसिडेंशियल

मेडल ऑफ़ फ़्रीडम का पुरस्कार दिया था, जो अमेरिका का सर्वोच्च नागरिकता पुरस्कार है। ऐंजेलू ने विंस्टन-सेलम, नॉर्थ कैरोलिना की वेक फ़ॉरेस्ट युनिवर्सिटी में प्रोफ़ेसर ऑफ़ अमेरिकन स्टडीज़ के रूप में काम किया। उनके शब्द और कार्य हमारी आत्मा को स्पर्श करते हैं, हमारे शरीर को पोषण देते हैं, हमारे मन को स्वतंत्र करते हैं और हमारे हृदय का उपचार करते हैं। अधिक जानकारी के लिए कृपया माया ऐंजेलू की वेबसाइट www.mayaangelou.com देखें।

डॉ. माइकल बरनार्ड बेकविथ

डॉ. माइकल बेकविथ एक आध्यात्मिक गुरु और व्यापक रूप से पढ़े जाने वाले लेखक हैं। हर सप्ताह हज़ारों लोग कल्वर सिटी, कैलिफ़ोर्निया में अगेप इंटरनेशनल स्पिरिच्युअल सेंटर में उन्हें सुनने के लिए जमा होते हैं, जो न्यू थॉट आंदोलन के भीतर एक आध्यात्मिक समुदाय है। वे सीएनएन के *लैरी किंग लाइव* और *द ओपरा विनफ़्री शो* पर कई बार अतिथि के रूप में आ चुके हैं। मोहनदास करमचंद गाँधी के पोते अरुण गाँधी जैसे दूसरे शांति कार्यकर्ताओं और आध्यात्मिक गुरुओं के साथ मिलकर वे विभिन्न अंतरराष्ट्रीय पैनलों में रहे हैं। वे असोसिएशन फ़ॉर ग्लोबल थॉट के सह-संस्थापकों में से एक हैं, जो पृथ्वी पर उपचार करने के प्रति समर्पित संगठन है। उनकी लिखी पुस्तकों में *इंस्पिरेशन्स ऑफ़ द हार्ट, अ मेनिफ़ेस्टो ऑफ़ पीस* और नॉटिलस बुक अवॉर्ड की विजेता *स्पिरिच्युअल लिबरेशन* शामिल हैं। बेकविथ को मानवता के शांति दूत के रूप में उनके काम के लिए व्यापक सराहना मिली है। वे बहुत से मानवतावादी पुरस्कारों के विजेता हैं, जिनमें अफ़्रीका पीस अवॉर्ड और द टॉमस किल्गोर प्रोफ़ेटिक विटनेस अवॉर्ड शामिल हैं। अधिक जानकारी www.agapelive.com पर उपलब्ध है।

डॉ. दीपक चोपड़ा, एम.डी.

दीपक चोपड़ा एक विश्वविख्यात चिकित्सक, लेखक और वक्ता हैं। वे 65 से ज़्यादा पुस्तकें लिख चुके हैं, जिनमें 21 *न्यू यॉर्क टाइम्स* बेस्टसेलर रही हैं। उनकी पुस्तकों

का अनुवाद तीस से अधिक भाषाओं में हो चुका है, जिनकी संसार भर में 2 करोड़ से अधिक प्रतियाँ बिक चुकी हैं। वे मन-शरीर चिकित्सा के क्षेत्र में सबसे मशहूर और सबसे ज़्यादा सम्मानित लीडरों में से एक हैं। उन्होंने शारीरिक, मानसिक, भावनात्मक, आध्यात्मिक और सामाजिक स्वास्थ्य को देखने के हमारे दृष्टिकोण का कायाकल्प कर दिया है। दीपक चोपड़ा बॉस्टन युनिवर्सिटी और हार्वर्ड युनिवर्सिटी में पढ़ा चुके हैं और न्यू इंग्लैंड मेमोरियल हॉस्पिटल में चीफ़ ऑफ़ स्टाफ़ के रूप में काम कर चुके हैं। *टाइम मैग्ज़ीन* ने उन्हें बीसवीं सदी के 100 सबसे प्रभावी लोगों में से एक चुना है। 2010 में उन्हें ह्यूमेनिटेरियन स्टारलाइट अवॉर्ड और प्रतिष्ठित जीओआई पीस अवॉर्ड मिला। उन्हें 2002 में आइंस्टाइन ह्यूमेनिटेरियन अवॉर्ड मिला, जो ऐल्बर्ट आइंस्टाइन कॉलेज ऑफ़ मेडिसिन द्वारा *अमेरिकन जर्नल ऑफ़ साइकोथेरेपी* के सहयोग से प्रदान किया गया। अधिक जानकारी के लिए उनकी वेबसाइट www.chopra.com देखें।

पाउलो कोएलो

पाउलो कोएलो संसार में सबसे ज़्यादा से पढ़े जाने वाले लेखकों में से एक हैं। वे कई प्रतिष्ठित अंतरराष्ट्रीय पुरस्कार भी जीत चुके हैं जिनमें वर्ल्ड इकोनॉमिक फ़ोरम क्रिस्टल अवॉर्ड और द फ्रेंच लीजन ऑफ़ ऑनर शामिल हैं। 2007 में उन्हें युनाइटेड नेशन्स पीस मेसेंजर नियुक्त किया गया। 1986 में उन्होंने स्पेन में सैन्टियागो द कम्पोस्टेला की तीर्थयात्रा की, जो उनके जीवन का निर्णायक मोड़ साबित हुई। रास्ते में उन्होंने आध्यात्मिक जाग्रति का अनुभव किया, जिसका वर्णन उन्होंने अपनी पहली पुस्तक द पिलग्रिमेज में किया है। अगले साल उन्होंने *द अलकेमिस्ट* लिखी। *द अलकेमिस्ट* की संसार भर में 6.5 करोड़ से अधिक प्रतियाँ बिक चुकी हैं, जिससे यह इतिहास की बेस्टसेलिंग पुस्तकों में से एक बन चुकी है। इसका अनुवाद 71 भाषाओं में हो चुका है। कुल मिलाकर उनकी लिखी पुस्तकों की 15 करोड़ से अधिक प्रतियाँ 150 से ज़्यादा देशों में बिक चुकी हैं। 1996 में उन्होंने पाउलो कोएलो इंस्टीट्यूट स्थापित किया, जो आर्थिक समस्याओं वाले बच्चों और अभिभावकों को सहायता प्रदान करता है। अधिक जानकारी के लिए www.paulocoelho.com देखें।

डॉ. जो डिस्पेंज़ा

डॉ. जो डिस्पेंज़ा एक मशहूर न्यूरोसाइंटिस्ट, काइरोप्रैक्टर (एक प्रकार के चिकित्सक), शिक्षक और लेखक हैं। उन्होंने न्यू ब्रन्सविक, न्यू जर्सी में रट्गर्स युनिवर्सिटी में बायोकेमिकल साइंसेस का अध्ययन किया और अटलांटा, जॉर्जिया की लाइफ़ युनिवर्सिटी में काइरोप्रैक्टिक में स्नातक उपाधि ली। वे न्यूरोलॉजी और न्यूरोविज्ञान, मस्तिष्क कार्यप्रणाली और स्मृति निर्माण के क्षेत्र में अग्रणी हस्ती हैं। उन्होंने मस्तिष्क और शरीर के आपसी संबंध के बारे में बहुत सारे वैज्ञानिक लेख लिखे हैं और सोचने व चेतना, और मस्तिष्क व तर्क की शक्ति के बीच कड़ियाँ स्थापित की हैं। उन्होंने दिखाया है कि जब हम अपना मन बदलते हैं, तो हमारा मस्तिष्क भी बदलता है और हम निश्चित आदतों को तोड़कर अपने मस्तिष्क की दोबारा प्रोग्रामिंग कर सकते हैं। जो डिस्पेंज़ा नेशनल बोर्ड ऑफ़ काइरोप्रैक्टि एग्ज़ामिनर्स के मानद सदस्य हैं और उन्हें क्लीनिकल उत्कृष्टता के लिए क्लीनिकल प्रोफ़िशिएंशी साइटेशन मिल चुका है। जो डिस्पेंज़ा की वेबसाइट www.drjoedispenza.com है।

लिंडा फ़्रांसिस

लिंडा फ़्रांसिस एक आध्यात्मिक गुरु और लेखिका हैं। वे तीन दशकों तक नर्स के रूप में काम कर चुकी हैं और एक योग्यता-प्राप्त काइरोप्रैक्टर हैं। अपने आध्यात्मिक साथी गैरी ज़ुकाव के साथ, जो *द पावर ऑफ़ द हार्ट* के सह-निर्माता हैं, वे दो *न्यू यॉर्क टाइम्स* बेस्टसेलर पुस्तकें लिख चुकी हैं, *द हार्ट ऑफ़ द सोल : इमोशनल अवेयरनेस* और *द माइंड ऑफ़ द सोल : रेस्पॉन्सिबल चॉइस*। वे *थॉट्स फ़्रॉम द हार्ट ऑफ़ द सोल* और *सेल्फ़-एम्पावरमेंट जर्नल : अ कम्पैनियन टु द माइंड ऑफ़ द सोल* की सह-लेखिका भी हैं। लिंडा फ़्रांसिस और गैरी ज़ुकाव ने द सीट ऑफ़ द सोल इंस्टीट्यूट की स्थापना की है। यह संगठन शैक्षणिक कार्यक्रम प्रदान करता है, ताकि लोगों को वास्तविक शक्ति उत्पन्न करने में मदद मिले। लिंडा फ़्रांसिस के बारे में अधिक जानकारी के लिए www.seatofthesoul.com पर जाएँ, जो द सीट ऑफ़ द सोल इंस्टीट्यूट की वेबसाइट है।

डॉ. जेन गुडऑल, पीएचडी, डीबीई

डॉ. जेन गुडऑल एक विश्वविख्यात ब्रिटिश प्राइमेटोलॉजिस्ट (प्राणी-विज्ञान की एक शाखा के विशेषज्ञ), मानव विज्ञानी और लेखिका हैं। साथ ही वे युनाइटेड नेशन्स मैसेंजर ऑफ़ पीस भी हैं। वे जेन गुडऑल इंस्टीट्यूट की संस्थापक हैं। इस संगठन के ज़रिये उन्होंने पशु संरक्षण के लिए बहुत काम किया है। छब्बीस साल की उम्र में उन्होंने इंग्लैंड से तंज़ानिया की यात्रा की, जहाँ वे जंगली चिंपाजियों के उस वक़्त कम जानकारी वाले संसार में दाख़िल हो गईं। चिंपाजियों पर विश्व की अग्रणी विशेषज्ञ मानी जाने वाली जेन गुडऑल को जंगली चिंपाजियों के आपसी व्यवहार के पैंतालीस वर्षीय अध्ययन के लिए सबसे अच्छी तरह जाना जाता है। जेन गुडऑल को उनके मानवतावादी और संरक्षण कार्य के लिए बहुत से सम्मान मिल चुके हैं, जिनमें सैन डिएगो जूलॉजिकल सोसायटी का गोल्ड मेडल फ़ॉर कन्ज़र्वेशन और द नेशनल ज्योग्राफ़िक सोसायटी सेंटेनियल अवॉर्ड शामिल हैं। 2000 में संयुक्त राष्ट्र संघ ने उन्हें तीसरा गाँधी-किंग अवॉर्ड फ़ॉर नॉन वायलेंस पुरस्कार दिया। 2002 में तत्कालीन राष्ट्र संघ महासचिव कोफ़ी अन्नान ने उन्हें शांतिदूत नियुक्त किया और 2004 में उन्हें ऑर्डर ऑफ़ द ब्रिटिश एम्पायर में डेम कमांडर नामित किया गया। जेन गुडऑल साल में लगभग 300 दिन यात्रा करती हैं और संसार भर में व्याख्यान देती हैं। अधिक जानकारी के लिए कृपया www.janegoodall.org पर जाएँ।

जॉन ग्रे, पीएचडी

जॉन ग्रे निस्संदेह संसार के सबसे विख्यात संबंध-विशेषज्ञ हैं। उनकी क्रांतिकारी पुस्तक *मेन आर फ़्रॉम मार्स, विमेन आर फ़्रॉम वीनस* 1990 के दशक की बेस्टसेलिंग पुस्तक थी। वे व्यक्तिगत और पेशेवर दोनों प्रकार के संबंधों में एक-दूसरे की भिन्नताओं को समझने, सम्मान करने और क़द्र करने में स्त्री-पुरुषों की मदद करते हैं। पचास अलग-अलग भाषाओं में उनकी पुस्तकों की 5 करोड़ से अधिक प्रतियाँ बिक चुकी हैं। उनकी मार्स-वीनस सीरीज़ की पुस्तकों ने स्त्री-पुरुषों द्वारा एक-दूसरे की भूमिका को देखने के तरीक़े को बुनियादी तौर पर बदल दिया है। वे व्यक्तियों और समुदायों को उनके संबंध और संवाद बेहतर बनाने के सरल उपाय सिखाते

हैं। वे यह भी दिखाते हैं कि स्त्रियों और पुरुषों के बीच की भिन्नताओं का इस्तेमाल प्रेम और जोश से भरे स्वस्थ संबंध विकसित करने के लिए किया जा सकता है। जॉन ग्रे विभिन्न टीवी शो में आ चुके हैं, जिनमें *द ओपरा विनफ़्री शो, डॉ. ओज़, द टुडे शो, द सीबीएस मॉर्निंग शो, गुड मॉर्निंग अमेरिका, द अर्ली शो* और *द व्यू* शामिल हैं। उन्हें *टाइम, फ़ोर्ब्स, यूएसए टुडे, टीवी गाइड* और *पीपल* सहित बहुत व्यापक प्रिंट मीडिया कवरेज भी मिला है। जॉन ग्रे की वेबसाइट www.marsvenus.com है।

रोलिन मेक्रेटी, पीएचडी

रोलिन मेक्रेटी बोल्डर क्रीक, कैलिफ़ोर्निया में इंस्टीट्यूट ऑफ़ हार्टमैथ की रिसर्च टीम के वाइस चेयरमैन और प्रमुख हैं, जो 1991 से हृदय की बुद्धिमत्ता पर वैज्ञानिक शोध में संलग्न है। वे हृदय-सामंजस्य और मानव तन-मन पर सकारात्मक व नकारात्मक भावनाओं के प्रभाव के क्षेत्र में अंतरराष्ट्रीय हस्ती हैं। चीफ़ साइंस ऑफ़िसर की अपनी भूमिका में उन्होंने हृदय-मस्तिष्क अंतःक्रिया और प्रतिरक्षण तंत्र पर भावनाओं के प्रभाव पर कई अध्ययन किए हैं। वे और उनकी शोध टीम दूसरी शैक्षणिक व चिकित्सकीय संस्थाओं के साथ कई संयुक्त अध्ययनों में भी शामिल रही है, जिनमें स्टैनफ़र्ड युनिवर्सिटी और द मायामी हार्ट रिसर्च इंस्टीट्यूट शामिल हैं। रोलिन मेक्रेटी के नाम पर बहुत से वैज्ञानिक लेख हैं, जिनमें से कई अग्रणी वैज्ञानिक जर्नल्स में प्रकाशित हुए हैं, जिनमें *अमेरिकन जर्नल ऑफ़ कार्डियोलॉजी, स्ट्रेस मेडिसिन* और *बायोलॉजिकल साइकोलॉजी* शामिल हैं। रोलिन मेक्रेटी और द इंस्टीट्यूट ऑफ़ हार्टमैथ के बारे में अधिक जानकारी के लिए www.heartmath.org पर जाएँ।

हॉवर्ड मार्टिन

हॉवर्ड मार्टिन बोल्डर क्रीक, कैलिफोर्निया में इंस्टीट्यूट ऑफ़ हार्टमैथ के वाइस चेयरमैन हैं, जो 1991 से हृदय की बुद्धिमत्ता पर वैज्ञानिक शोध में शामिल है। उन्होंने मनुष्य के शारीरिक स्वास्थ्य, भावनात्मक स्वास्थ्य और बुद्धिमत्ता पर हृदय

के सकारात्मक प्रभाव के बहुत से वैज्ञानिक अध्ययनों में अत्यंत महत्त्वपूर्ण भूमिका निभाई है। वे एक अनूठे वैज्ञानिक कार्यक्रम का नेतृत्व करते रहे हैं, जो हृदय के ज़रिये व्यक्तिगत और सामूहिक उपलब्धियों को बेहतर बनाने के अलावा स्वास्थ्य और कल्याण के अहसास को बढ़ाने हेतु समर्पित है। हॉवर्ड मार्टिन अंतरराष्ट्रीय सम्मेलनों में लोकप्रिय वक्ता हैं और वे संसार भर की कंपनियों तथा व्यक्तियों तथा अमेरिकी सेना के लिए वर्कशॉप आयोजित करते हैं। उन्होंने हृदय की बुद्धिमत्ता पर बहुत-से साक्षात्कार दिए हैं, वे *गुड मॉर्निंग अमेरिका शो* में आ चुके हैं और डिस्कवरी चैनल व सीएनएन और *द बॉस्टन ग्लोब* में कार्यक्रमों में सहभागी रह चुके हैं। हॉवर्ड मार्टिन और द इंस्टीट्यूट ऑफ़ हार्टमैथ के बारे में अधिक जानकारी के लिए www.heartmath.org पर जाएँ।

रूडिगर शाख़े

रूडिगर शाख़े एक जर्मन आध्यात्मिक शिक्षक और लेखक हैं। युनिवर्सिटी ऑफ़ म्यूनिख से अर्थशास्त्र और मनोविज्ञान में स्नातक होने के बाद वे एक विख्यात जर्मन कंपनी में विज्ञापन अभियान के प्रमुख बन गए, लेकिन एक आध्यात्मिक खोज की पड़ताल करने के लिए उन्होंने यह नौकरी छोड़ दी। उस वक़्त उनकी उम्र अड़तीस साल की थी। उन्होंने अमेरिका में कई साल गुज़ारे और कई महाद्वीपों की व्यापक यात्राएँ कीं, जहाँ उन्होंने व्यक्तित्व और चेतना के बारे में पुराने पारंपरिक ज्ञान को दोबारा खोजा। रूडिगर शाख़े की पुस्तकें छब्बीस भाषाओं में प्रकाशित हो चुकी हैं और संसार भर में उनकी 20 लाख से अधिक प्रतियाँ बिक चुकी हैं। उनकी पुस्तक *यॉर मैग्नेटिक हार्ट : 10 सीक्रेट्स ऑफ़ लव, अट्रैक्शन ऐंड फुलफ़िलमेंट* तो डेर श्पीगल नामक जर्मनी की सबसे बड़ी और सबसे प्रभावी साप्ताहिक पत्रिका की प्रतिष्ठित बेस्टसेलर सूची में 84 हफ़्तों तक बनी रही। वक्ता और लेखक के रूप में अपने काम के अलावा वे और उनकी पत्नी, म्यूनिख (जर्मनी) में इंस्टीट्यूट फ़ॉर कॉन्शसनेस रिसर्च का नेतृत्व भी करते हैं। रूडिगर शाख़े के बारे में अधिक जानकारी के लिए www.ruedigerschache.com पर जाएँ।

मार्सी शिमॉफ़, एमबीए

मार्सी शिमॉफ़ खुशी, सफलता और अबाध प्रेम के क्षेत्र में अमेरिका की सबसे बड़ी विशेषज्ञों में से एक हैं। वे *लव फ़ॉर नो रीज़न* और *हैपी फ़ॉर नो रीज़न* जैसी बेस्टसेलर पुस्तकों की लेखिका भी हैं, जिनमें वे स्थायी प्रेम और खुशी के महान रहस्य संबंधी अपने क्रांतिकारी विचार देती हैं। वे चिकन सूप फ़ॉर द सोल की विश्वविख्यात सीरीज़ की सह-लेखिका भी हैं। उनकी पुस्तकों का अनुवाद 31 भाषाओं में हो चुका है और वे कई बेस्टसेलर सूचियों में रह चुकी हैं, जिनमें *न्यू यॉर्क टाइम्स,* ऐमेज़ॉन और *द वॉल स्ट्रीट जर्नल* शामिल हैं। वे संसार भर में 1.4 करोड़ पुस्तकें बेच चुकी हैं। मार्सी शिमॉफ़ अमेरिका और विदेशों में भाषण तथा सेमिनार देती हैं। उन्होंने आत्म-गौरव और आत्मविश्वास के महत्त्व जैसे विषयों पर पूरे संसार के करोड़ों लोगों के दिलों को स्पर्श किया है। उनके पास यूसीएलए से प्राप्त एमबीए डिग्री है और वे एस्टीम ग्रुप की चेयरवुमैन तथा सह-संस्थापक हैं, जिसके ज़रिये वे महिलाओं को अपने जीवन में अधिक सफलता पाने में मदद करना चाहती हैं। उनकी वेबसाइट happyfornoreason.com है।

डीन श्रॉक, पीएचडी

डीन श्रॉक एक मनोवैज्ञानिक और बेस्टसेलर पुस्तकों *डॉक्टर्स ऑर्डर्स : गो फ़िशिंग* तथा *वाय लव हील्स* के लेखक हैं। जीवन की गुणवत्ता और कैंसर रोगियों के जीवन काल पर खुशी के सकारात्मक प्रभाव के कई वैज्ञानिक अध्ययन करके वे इस आश्चर्यजनक निष्कर्ष पर पहुँचे कि प्रेम और परवाह किए जाने की भावना का कैंसर रोगियों की जीवन की आशा पर सकारात्मक प्रभाव पड़ता है और प्रेम का उपचारक प्रभाव भी हो सकता है। डीन श्रॉक ने क्लीवलैंड, ओहायो स्थित क्लीवलैंड स्टेट युनिवर्सिटी में अध्ययन किया और ओहायो में युनिवर्सिटी ऑफ़ ऐक्रन से अप्लाइड साइकोलॉजी में अपनी डॉक्टरेट हासिल की। उन्होंने क्लीवलैंड क्लीनिक के लिए एक शोध प्रस्ताव विकसित किया, ताकि कैंसर रोगियों पर गाइडेड इमेजरी की प्रभावकारिता की जाँच की जा सके। इसके कुछ समय बाद उन्होंने मैलिबू, कैलिफ़ोर्निया में सिमन्टन कैंसर सेंटर में कैंसर केयर में अपना मनोवैज्ञानिक शोध शुरू किया। अधिक जानकारी के लिए www.deanshrock.com देखें।

एकहार्ट टॉल

एकहार्ट टॉल एक आध्यात्मिक शिक्षक और लेखक हैं, जिनकी गहन लेकिन सरल नसीहतों ने संसार भर के असंख्य लोगों को जीवन में आंतरिक शांति और ज़्यादा संतुष्टि खोजने में मदद की है। जर्मनी में जन्मे एकहार्ट ने युनिवर्सिटी ऑफ़ लंदन तथा युनिवर्सिटी ऑफ़ केम्ब्रिज में अध्ययन किया। वे *न्यू यॉर्क टाइम्स* बेस्टसेलर *द पावर ऑफ़ नाओ* के लेखक हैं, जो 33 भाषाओं में प्रकाशित हो चुकी है। इसके बाद इसी कड़ी में उन्होंने *अ न्यू अर्थ* लिखी। दोनों को हमारे युग की सबसे प्रभावी आध्यात्मिक पुस्तकों में गिना जाता है। उनके शिक्षण के मूल में चेतना का कायाकल्प है, एक आध्यात्मिक जागरण है, जिसे वे मानव विकास में अगले क़दम के रूप में देखते हैं। एकहार्ट टॉल एक लोकप्रिय वक्ता हैं और वे पूरे संसार में यात्रा करके लोगों को प्रेरणा देते हैं। उनके कई व्याख्यान और सेमिनार सीडी तथा डीवीडी पर भी आ चुके हैं। EckhartTolleTV.com पर वे मासिक व्याख्यान देते हैं, ध्यान-अभ्यास करवाते हैं और दर्शकों के सवालों के जवाब देते हैं। अधिक जानकारी के लिए www.eckharttolle.com देखें।

नील डोनाल्ड वॉल्श

नील डोनाल्ड वॉल्श एक समकालीन आध्यात्मिक शिक्षक हैं, जिनके शब्दों ने पूरे संसार के लोगों को स्पर्श किया है। उनकी बुक सीरीज़ कनवर्सेशन्स विद गॉड का अनुवाद 37 भाषाओं में हो चुका है और लाखों लोगों के जीवन को बदला है। इसके अलावा वे 16 अन्य पुस्तकें प्रकाशित कर चुके हैं। उनकी डायलॉग बुक सीरीज़ कनवर्सेशन्स विद गॉड अब पूरे संसार में उपलब्ध है और *न्यू यॉर्क टाइम्स* बेस्टसेलर सूची में आ चुकी है। उनका काम उन्हें पेरू में माचू पिक्चू की सीढ़ियों से जापान के शिंटो धर्मस्थलों की सीढ़ियों तक ले गया, मॉस्को में रेड स्क्वेयर से वेटिकन के सेंट पीटर्स स्क्वेयर से चीन में तियानामेन स्क्वेयर तक ले गया। वे जहाँ भी जाते हैं, उन्हें लोगों में शांति और सद्भाव से युक्त जीवन की भूख दिखाई देती है। उन्होंने लोगों को जीवन और ईश्वर की एक नई समझ सिखाने में कामयाबी पाई है। नील डोनाल्ड वॉल्श के बारे में अधिक जानकारी के लिए आप www.nealedonaldwalsch.com पर जा सकते हैं।

मैरियन विलियमसन

मैरियन विलियमसन काफ़ी प्रशंसित आध्यात्मिक लेखक और शिक्षक हैं। वे *द ओपरा विनफ़्री शो लैरी किंग लाइव, गुड मॉर्निंग अमेरिका* और *चार्ली रोज़* जैसे टेलीविज़न शो में लोकप्रिय अतिथि के रूप में आ चुकी हैं। उनकी दस में से चार पुस्तकें *न्यू यॉर्क टाइम्स* बेस्टसेलर रह चुकी हैं, जिनमें *अ रिटर्न टु लव* शामिल है, जिसे नव आध्यात्मिक क्षेत्र में एक प्रामाणिक कार्य माना जाता है। उनका काम नव-विचार की नीति पर आधारित है, जो प्रेम व क्षमा को मानव व्यवहार की कुंजी के रूप में देखता है। 2006 में *न्यूज़वीक* ओपिनियन पोल में उन्हें पचास सबसे प्रभावी हस्तियों में से एक माना गया। मैरियन विलियमसन की अन्य मशहूर पुस्तकों में *द एज ऑफ़ मिरेकल्स, एनचैंटेड लव, इल्यूमिनेटा, अ कोर्स इन वेट लॉस, द गिफ़्ट ऑफ़ चेंज* और *द लॉ ऑफ़ डिवाइन कॉम्पेन्सेशन* शामिल हैं। अधिक जानकारी के लिए उनकी वेबसाइट www.marianne.com पर जाएँ।

गैरी ज़ुकाव

गैरी ज़ुकाव एक आध्यात्मिक शिक्षक और लगातार चार *न्यू यॉर्क टाइम्स* बेस्टसेलर पुस्तकों के प्रखर लेखक हैं। उन्होंने हार्वर्ड युनिवर्सिटी से स्नातक किया और वे वियतनाम में स्पेशल फ़ोर्सेस ऑफ़िसर रहे। इसके बाद उन्होंने अपनी पहली पुस्तक *द डांसिंग वू ली मास्टर्स* लिखी, जिसने अमेरिकन बुक अवॉर्ड फ़ॉर साइंस जीता। उनकी दूसरी पुस्तक *द सीट ऑफ़ द सोल,* जो व्यक्तित्व के आत्मा के साथ सामंजस्य के बारे में है, ने लाखों लोगों को आकर्षित किया। यह 31 बार *न्यू यॉर्क टाइम्स* बेस्टसेलर लिस्ट में आई, जहाँ यह कुल तीन साल तक बनी रही। उनके ज्ञान, विचारशील उपस्थिति और संक्रामक उत्साह ने गैरी ज़ुकाव को लाखों टीवी दर्शकों के बीच लोकप्रिय बना दिया है। वे *द ओपरा विनफ़्री शो* में 36 बार आ चुके हैं और 32 भाषाओं में उनकी पुस्तकों की 60 लाख प्रतियाँ बिक चुकी हैं। 1993 में वे लिंडा फ़्रांसिस से मिले, जो उनकी आध्यात्मिक साझेदार और *द पावर ऑफ़ द हार्ट* की एक और सह-निर्माता हैं। लिंडा के साथ मिलकर उन्होंने द सीट ऑफ़ द सोल इंस्टीट्यूट की स्थापना की, जो अर्थ, उद्देश्य, सृजनात्मकता, स्वास्थ्य, ख़ुशी और प्रेम उत्पन्न करने में लोगों की मदद करना चाहता है। गैरी ज़ुकाव और द सीट ऑफ़ द सोल इंस्टीट्यूट के बारे में अधिक जानकारी के लिए कृपया www.seatofthesoul.com देखें।

लेखक-परिचय

बैप्टिस्ट द पैप

बैप्टिस्ट द पैप का जन्म ब्रस्ख़ात, बेल्जियम में 1977 में हुआ। वे एक आध्यात्मिक खोजी, लेखक और फ़िल्म निर्माता हैं। उन्होंने नीदरलैंड में टिलबर्ग लॉ स्कूल में पढ़ाई पूरी की, लेकिन इसके बाद - हालाँकि उनके सामने एक अच्छी-ख़ासी नौकरी का प्रस्ताव भी था - वे आध्यात्मिक जागृति की दिशा में गए, जिसकी वजह से उन्होंने बेहद व्यावहारिक कानूनी पेशे को छोड़ दिया।

द पैप हृदय के संसार की खोज करते हैं और यह जानने का प्रयास करते हैं कि सिर्फ़ दिमाग़ के बजाय दिल से जीने का क्या मतलब होता है। इस परिवर्तन से कुछ बहुत आश्चर्यजनक घटनाएँ हुईं।

उनकी आध्यात्मिक जागृति से एक फ़िल्म की अवधारणा विकसित हुई, जिसमें उन्होंने वर्तमान अग्रणी आध्यात्मिक शिक्षकों, लेखकों और वैज्ञानिकों का साक्षात्कार लिया। बैप्टिस्ट ने जिन लोगों का साक्षात्कार लिया और फ़िल्मांकन किया, उनमें से कई के वे अच्छे मित्र बन चुके हैं। गैरी ज़ुकाव, एकहार्ट टॉल, माया ऐंजेलू, ईज़ाबेल आलिएंदे और अन्य ने उदारता से उनकी मदद की। पुस्तक और फ़िल्म संबंधी अधिक जानकारी के लिए www.thepoweroftheheart.com पर जाएँ।

www.thepoweroftheheart.com
The Power of the Heart
#TPOTH

साइमन ग्राइनर

साइमन ग्राइनर सिडनी से आए डिज़ाइनर व चित्रकार हैं जो ब्रूकलिन (न्यू यॉर्क) में रहते हैं। उनके कार्य *ग्रांटलैण्ड* और *न्यू यॉर्कर* में प्रदर्शित हो चुके हैं। ग्राइनर कई पुस्तकों के लेखक व चित्रकार हैं।

आभार

मैं सच्चे दिल से *हृदय की शक्ति* के अठारह सह-निर्माताओं का आभार व्यक्त करना चाहता हूँ और अपनी कृतज्ञता प्रकट करना चाहता हूँ : ईज़ाबेल आलिएंदे, माया ऐंजेलू, माइकल बेकविथ, दीपक चोपड़ा, पाउलो कोएलो, जो डिस्पेंज़ा, लिंडा फ्ऱांसिस, जेन गुडऑल, जॉन ग्रे, रोलिन मेक्रेटी, हॉवर्ड मार्टिन, रूडिगर शाख़े, मार्सी शिमॉफ़, डीन श्रॉक, एकहार्ट टॉल, नील डोनाल्ड वॉल्श, मैरियन विलियमसन और गैरी ज़ुकाव। अपने ज्ञान और प्रेरक कहानियों के ज़रिये उन्होंने मेरे स्वप्न और यात्रा में अनूठे योगदान दिए हैं।

हृदय की शक्ति एक ऐसा प्रोजेक्ट है, जिसे मैंने दो बहुत मूल्यवान मित्रों के साथ पूरा किया है : अरनाउड फ़िऊल और मैटिज़ वैन मूरसेल। मैं इस अद्‌भुत रोमांचक यात्रा में मेरे साथ शामिल होने के लिए इन दोनों को धन्यवाद देना चाहता हूँ। उनके बिना यह प्रोजेक्ट कभी साकार नहीं हो पाता। अरनाउड को विशेष धन्यवाद, जो इस पुस्तक को लिखने में उन्होंने मेरा साथ दिया।

मैं अपने प्रिय मित्रों स्टीवन गोल्डहर, ऐलन हंटर, ईवलीन पीलन, ईवो फ़ाल्कनबर्ग, गैरी ज़ुकाव, लिंडा फ्ऱांसिस और मार्सी शिमॉफ़ को उनके असीमित प्रेम तथा समर्थन के लिए धन्यवाद देना चाहता हूँ।

इन सभी को भी धन्यवाद :

साइमन ऐंड शुस्टर की एट्रिया बुक्स की संचालक शक्ति जूडिथ कर और उनकी अद्‌भुत टीम, जिनमें उनकी उत्कृष्ट संपादक लेस्ली मेरिडिथ शामिल हैं। और ज़ाहिर है नीदरलैंड में वीबीके/कॉस्मॉस की टीम : वीट द ब्रान, मार्टिन लिटजेंस, डोरियन वैन लॉन्डेन, पीटर डी बूअर, सिमोन रेगुआं, और योलौंड मिशों।

ऐलेन द लेविटा और एनएल फ़िल्म की उनकी समर्पित टीम और ड्रू हेरियट, जो *द पावर ऑफ़ द हार्ट* फ़िल्म के निर्देशक हैं।

हमारे प्रोजेक्ट के कुछ ख़ास समर्थकों को भी धन्यवाद : आनामारी फ़िऊल-ब्रूनिंग, रिजे वैन मूरसेल, फ़्लर वैन डाइक, कैरोलिन रैन्ज़ैल, किम एंग, वेंडी ज़ालर, साइमन ग्राइनर, फ़्रांस श्रावेन, हान कूरेनीफ़, रिचर्ड रीटवेल्ड, टेड बाइज़िंग्स, फ़्रेड मैट्सर, ऑल्डो द पैप, बॉब लवीन, लिलू मेस, गेबी बोमर, किम फ़ोर्सिना और लेन ब्रैन्सन।

और अंत में, मेरे प्रिय माता-पिता, थेरा लुब बाकर और अरनॉल्ड द पैप को।

Text by Baptist de Pape and Arnoud Fioole • Contributions by Isabel Allende; Maya Angelou; Michael Beckwith; Deepak Chopra; Paulo Coelho; Joe Dispenza; Linda Francis; Jane Goodall; John Gray; Rollin McCraty; Howard Martin; Ruediger Schache; Marci Shimoff; Dean Shrock; Eckhart Tolle; Neale Donald Walsch; Marianne Williamson; and Gary Zukav • Illustrations and design by Simon Greiner, Inc. • Interior paging by Dana Sloan • Art director Jeanne Lee • President and publisher Judith Curr • Editor Leslie Meredith • Production editor Jessica Chin • Film producers Baptist de Pape, Arnoud Fioole, and Mattijs van Moorsel • Film director Drew Heriot

PHOTO CREDITS

Page ii: Photo copyright Balazs Kovacs Images / Shutterstock; Page viii: Portrait of Baptist de Pape by Gerry Hurkmans; Page 8: Getty Images by Betsie Van Der Meer; Page 14: Photo copyright melis / Shutterstock; Page 22: Photo copyright MJTH / Shutterstock; Page 24: Portrait of Neale Donald Walsch by Christopher Briscoe; Page 27: Portrait of Marci Shimoff by Kate sZatmari; Page 32: Brand New Images / Getty Images; Page 35: Portrait of Paulo Coelho by Paul Macleod; Page 44: Photo copyright XiXinXing / Shutterstock; Page 49: Portrait of Jane Goodall by Stuart Clarke; Page 53: Portrait of Michael Beckwith by Rawtographer; Page 58: Tim Robberts / Getty Images; Page 66: Photo copyright Subbotina Anna / Shutterstock; Page 69: Portrait of Eckhart Tolle by David Ellingsen; Page 78: Photo copyright MJTH / Shutterstock; Page 83: Portrait of Linda Francis by Christopher Briscoe; Page 86: Portrait of Gary Zukav by Christopher Briscoe; Page 92: Photo copyright Kichigin / Shutterstock; Page 95: Portrait of Maya Angelou by Perry Hagopian / Contour by Getty Images; Page 105: Portrait of Isabel Allende by Lori Barra; Page 108: Photo copyright Eugene Sergeev / Shutterstock; Page 122: Portrait of Joe Dispenza by Stacey McRae Photography; Page 126: RunPhoto / Getty Images; Page 133: Portrait of Deepak Chopra by Todd MacMillan @ gotoddrun; Page 142: Photo copyright Surkov Vladimir / Shutterstock; Page 147: Portrait of Dean Shrock © Chris Graamans; Page 154: Photo copyright Rock and Wasp / Shutterstock; Page 161: Portrait of John Gray courtesy of the author; Page 172: Portrait of Marianne Williamson by Rich Cooper; Page 176: Nicholas Monu / Getty Images; Page 185: Portrait of Ruediger Schache by Christoph Vohler; Page 194: Photo copyright MJTH / Shutterstock; Page 199: Portrait of Howard Martin by Gabriella Boehmer—Heartmath Public Relations; Page 206: Photo copyright Balazs Kovacs Images / Shutterstock; Page 216: Portrait of Rollin McCraty by Gabriella Boehmer—Heartmath Public Relations.